MW01634069

Eddy Miyashiro S.

Rastros
Historias de caminantes

Traces
Wayfarer's Stories

No tenemos editores

Rastros
Traces
By
Eddy Miyashiro S.

Primera edición, Abril 2021
First printing April 2021

Editado por/Published by: No Tenemos Editores
Eddy German Miyashiro S. & Jessika Rojas
Jr. Los Ópalos 1732 Urb. Las Flores 78-Lima 36
notenemoseditores@gmail.com

Corrección de estilo/Editor: Hiroshi Miyashiro S.
hiroshi.miyashiro@unms.edu.pe

Diseño y diagramación/Designer: No Tenemos Editores &
Luisa Bustamante

Traducción al inglés/Translated by: Charles Tuesta Meza
chagitume@hotmail.com

Fotografía de portada/Front cover's fotography: Julio Ysa
molino777@hotmail.com

Todas las imágenes pertenecen al archivo personal del
autor.
All images belong to the autor`s personal archive.

ISBN: 978-612-45541-2-4

Contents

Eddy Miyashiro S.
Lima, 1978

Estudiante de permacultura y coleccionista de buenos ratos. Funge de escritor en sus horas vagas. Ha publicado con este mismo sello editorial En el país de los cuervos, Testigo nocturno, La bestia, y el decálogo El nuevo macho latino.

Permaculture student and good times collector. He acts as a writer in his spare times. Has published with this same publishing label In the crow´s land, The night viewer, The Beast, and The New latin macho man´s Decalogue.

Salió Jesús de allí y llegó a orillas del mar de
Galilea. Luego subió a la montaña y se sentó.

Jesus left there and went along the Sea of Galilee.
Then he went up on a mountainside and sat down.

Mt. 15:29

Luna Clara

I

"HASTA LA MUERTE…POR AMOR", dice la portada del diario que tengo en mis manos. Se refiere a la voluntad mostrada por los terroristas en proseguir con sus planes en la toma de la casa del embajador japonés en Lima; cueste lo que cueste. Mencionan que la condición para liberar a los rehenes es la excarcelación inmediata de algunos correligionarios del grupo. En la lista de los beneficiados aparece el nombre de la cónyuge del líder del grupo secuestrador. Esta sería la causa real del secuestro. "TODO POR AMOR". Mientras leo esto en las páginas del diario, que compré para amenizar el tiempo antes de la partida del autobús, yo me pregunto quién, en su sano juicio, se arriesga a morir a cambio de otra persona. ¿Morir para que otro viva? ¿Valdrá la pena? ¿Cuánto valemos?

Cuarto día del inicio de las negociaciones y nada de arreglarse. Espero que mi llegada a la capital del Perú coincida con la resolución de todo este caos de la embajada de Japón. Creo que habrá mucho control policial, todo se hará más demorado si continúa tal cual. Pobre gente. El poder te evita cierto tipo de problemas, pero te generan otros. Además, un alto poder adquisitivo puede abrir todas las puertas, aún aquellas que deberían estar siempre cerradas. Sé de muy buena fuente cómo terminan algunas de esas grandes fiestas, donde hasta los más

I

"UNTIL DEATH...FOR LOVE", says the front page of the newspaper that I hold in my hands. This is about the willingness shown by the terrorists to continue with their plans in the seizure of the Japanese ambassador's house in Lima; whatever the cost. They mention that the condition for the release of the hostages is the immediate release of some of the group's co-religionists. In the list of the beneficiaries appears the name of the spouse of the leader of the kidnapping group. This would be the real cause of the kidnapping. "ALL FOR LOVE". As I read this in the pages of the newspaper, which I bought to liven up the time before the departure of the bus, I ask myself who, in their right mind, would risk death in exchange for someone else. To die so that someone else may live? Is it worth it? How much are we worth?

Fourth day of the beginning of the negotiations and nothing to settle. I hope that my arrival in the capital of Peru coincides with the resolution of all this chaos at the Japanese embassy. I think there will be a lot of police control, everything will be delayed if it continues as it is. Poor people. Power saves you from certain kinds of problems, but they generate others. Besides, a high purchasing power can open all doors, even those that should always be closed. I know from a very good source how

recatados no siempre salen ilesos. Los pesares de los últimos de la fila son bien sabidos, pero lo que se susurra dentro de un Audi puede hacer temblar a un Volkswagen.

Según el mismo informativo, la policía local sospecha que integrantes de la misma agrupación estarían prestos a ingresar al país, para secuestrar a un diplomático establecido en La Paz, con la intención de presionar al gobierno peruano a acceder a sus peticiones, por lo cual Bolivia podría cerrar las fronteras en cualquier momento. ¡Después de tanto sobresalto no puede ser peor! Ya me es más que suficiente el hecho de perder el autobús de las nueve que me transportaría hasta Copacabana. Un accidente ocurrido cerca al estadio Siles acabó por interrumpir el tráfago matutino de aquella zona de la ciudad. Dos taxis y un particular. ¡Qué terrible! ¡Qué pena! ¡Qué angustia! Una se imagina recibiendo un telefonazo, esa llamada inesperada que te corta el aliento; "venga pronto, en tal hospital, no demore, traiga plata" y cosas semejantes que me eriza el pellejo de sólo pensar. Y, bueno, no sólo la angustia ajena sino, también, la mía al ver la fila de autos detenidos mientras las personas los zigzagueaban a pie. Por lo menos se movían con el propósito de dejar atrás esas calles que por algún motivo desconocido me causaban temor y me impedían abandonar el vehículo en el cual viajaba, sabiendo incluso que aquella pasividad mía me alejaba del principio de un final esperado. ¿Sería la esvástica negra tatuada sobre la pintura de una pared

some of those big parties end, where even the most demure do not always come out unscathed. The regrets of the last in line are well known, but what is whispered inside an Audi can make a Volkswagen tremble.

According to the same report, the local police suspect that members of the same group are ready to enter the country to kidnap a diplomat based in La Paz, with the intention of pressuring the Peruvian government to agree to their demands, for which Bolivia could close the borders at any moment. After so much shock, it can't get any worse! It is more than enough for me to miss the nine o'clock bus that would transport me to Copacabana. An accident near the Siles stadium interrupted the morning traffic in that part of the city. Two cabs and a private car. How terrible, how sad, how distressing! One imagines receiving a phone call, that unexpected call that takes your breath away, "Come soon, at such and such a hospital. Don't delay, bring money" and such things that make my skin crawl just thinking about it. And, well, not only other people's anguish but, also, my own when I saw the line of cars stopped while people zigzagged between them on foot. At least they were moving with the purpose of leaving behind those streets that for some unknown reason caused me fear and prevented me from leaving the vehicle in which I was traveling, even knowing that my passivity was taking me away from the beginning of an expected end. Was it the black swastika

carcomida por el tiempo? ¿Una bolsa plástica rasgada con sus adentros esparcidos sobre el pavimento, simulando las tripas afuera de una bestia diezmada? Una carrera de cuarenta minutos acabó durando una eternidad.

Luego de que el taxista me dejara en la estación de autobuses, emblemática estructura diseñada por Gustave Eiffel, corrí hasta la puerta de embarque sólo para enterarme de que el vehículo había partido minutos atrás. ¡Qué rabia! Desesperada, fui hasta el counter de la agencia en la cual había comprado el pasaje. Me tomó quince minutos en la fila para llegar hasta la señorita detrás del mostrador para explicar lo del taxi, los tres autos accidentados, la multitud aglomerada en vuelta de dos ambulancias y los agentes de policía dificultando el libre tránsito. Ella dejó de mirarme, cortó un pedazo de papel de un talonario y dijo: "asiento reservado para la próxima salida, dentro de una hora, el último cupo ¿lo quieres?". ¿Lo quiero? Por poco mando todo al diablo pero el saber que al final volveré a ver a Carlos después de tanto tiempo me llevó a aceptar el ofrecimiento. Casi el doble del precio normal.

Un poco más calmada, decidí tomar un café en la cafetería del terminal y comenzar a leer el diario que compré para el camino. Toda experiencia viajera comienza antes de partir ¿porqué no hacerla amena y relajada? Incluso tuve tiempo para ayudar a una joven que acababa de llegar a la ciudad pues no sabía nada de La Paz. Llevaba el cabello largo,

tattooed on the paint of a wall eaten away by time? A torn plastic bag with its contents scattered on the pavement, simulating the guts of a decimated beast outside? A forty-minute cab ride ended up lasting an eternity.

After the cab driver dropped me off at bus station, iconic structure designed by Gustave Eiffel, I rushed to the boarding gate only to find out that the vehicle had departed minutes before. What a rage! In desperation, I went to the counter of the agency where I had purchased my ticket. It took me fifteen minutes in line to get to the lady behind the counter to explain about the cab, the three cars that had crashed, the crowd around two ambulances and the police officers impeding the free flow of traffic. She stopped looking at me, cut a piece of paper from a checkbook and said: "seat reserved for the next departure, in one hour, the last slot, do you want it?". Do I want it? I almost sent everything to hell, but knowing that I would finally see Carlos again after such a long time made me accept the offer. Almost double the normal price.

A little calmer, I decided to have a coffee at the cafeteria, in the terminal, and start reading the journal I bought for the trip. Every travel experience begins before departure, so why not make it enjoyable and relaxed? I even had time to help a young woman who had just arrived in the city because she didn't know anything about La Paz. She wore her hair long, straight, loose, and her bangs

lacio, suelto; el cerquillo le caía como a un centímetro de las cejas sobre su piel cobriza. Un poco baja, por lo que sus sesenta kilos de peso la hacían ver algo rechoncha.

Creo que se llamaba Maribel o algo así. La verdad no le puse mucha atención a su nombre, pero sí al hecho de que vino desde Perú a realizar algunos trámites, pues mi hermano Carlos estará en Lima algunos días y yo iré a verlo después de pasar por Copacabana.

Recien ayer por la mañana pude retirar el dinero de la remesa que envió mi hermano. Así que con los *bolivianos* en mano resolví qué hacer con él. Al término de la última clase del penúltimo ciclo de la universidad, vine a comprar y reservar el boleto hacia Copacabana, para luego regresar a casa, buscar la ropa y empacar. Cuando terminé de hacerlo ya eran como las dos de la mañana y mi habitación terminó todo un desastre. Parecía que acababa de pasar un torbellino, pues para encontrar la prenda más cómoda, bonita o combinable tuve que sacar todo lo que había en el armario para luego comenzar a separar y elegir. Lo peor de todo fue que terminé con la sensación de necesitar de más trapos. Resultó un verdadero reto meter toda esa cantidad de objetos más el bolso, donde porto billetera, libro, walkman y el pasaporte, en una mochila de 50 litros.

Sigo sentada en un autobús inmóvil que me llevará a Copacabana. Estoy en el 4 A, "asiento re-

fell about a centimeter above her eyebrows on her coppery skin. She was a little short, so her sixty kilos made her look a little chubby.

I think her name was Maribel or something like that. I didn't pay much attention to her name, but I did pay attention to the fact that she came from Peru to do some paperwork, because my brother Carlos will be in Lima for a few days and I will go to see him after passing through Copacabana.

Only yesterday morning I had been able to withdraw the money from the remittance sent by my brother. So with the *Bolivianos* in hand I decided what to do with it. At the end of the last class of the penultimate cycle of the university, I came to book and buy the ticket to Copacabana, then return home, get the clothes and pack. By the time I finished packing, it was about two o'clock in the morning and my room was a mess. It seemed that a whirlwind had just passed through there, because in order to find the most comfortable, beautiful or combinable garment I had to take out everything that was in the closet and then start to separate and choose. Worst of all, I ended up feeling like I needed more clothes. It was a real challenge to put all that amount of objects plus the bag, where I carry my wallet, book, walkman and passport, in a backpack of 50 liters.

I am still sitting in a motionless bus that will take me to Copacabana. I am in seat 4 A, "reclining seat", even though it is locked and does not recline

clinable", a pesar de estar trabado y no reclinarse más. Creo que todo el bús está ocupado; delante mío van sentados una pareja de ancianos; atrás, dos hombres que no han dejado de hablar de fútbol desde que subieron; y a mi costado va una chica de unos veinticinco años que se lima las uñas en este preciso momento. Siento un clima agradable, descontraído entre las personas que viajamos en este vehículo. Mi malestar y psicosiada han cedido al relajo a pesar de ser la primera vez que viajo sola. Ojalá no sea sólo una intuición y lleguemos todos con buen ánimo a destino. A modo de autoayuda me fui repitiendo que ya quedaron atrás el trajín y el stress que supuso llegar hasta aquí. Hace días que no duermo bien; primero por un examen de la universidad, y anoche por subirme a este autobús.

Ojalá me equivoque y la cotidianidad limeña siga con normalidad; sobre todo anhelo que mi hermano no esté tan ocupado con las visitas a la nueva sucursal de la empresa en la cual trabaja. Estará en Lima sólo una semana. Luego volverá a Distrito Federal, a México, donde vive desde hace varios años. Lo extraño mucho, me hace falta su sonrisa, sus mejillas rechonchas o ese lunar en medio de la nariz. Por eso guardo entre las páginas del libro que llevo en mi bolso la foto que Carlos se tomó el año pasado en el zócalo y que me la envió para mi cumpleaños.

Mis onomásticos no han sido lo mismo desde que mi único hermano salió del país. Se disfruta

any more. I think the whole bus is full; in front of me sit an old couple; in the back, two men who have not stopped talking about soccer since they got on; and next to me sits a girl in her mid-twenties who is filing her nails at this very moment. I feel a pleasant, relaxed atmosphere among the people traveling in this vehicle. My uneasiness and psychosis have given way to relaxation despite the fact that this is the first time I travel alone. I hope it is not just an intuition and we all arrive at our destination in good spirits. By way of self-help, I kept repeating to myself that the hustle and bustle and the stress of getting here are behind me. I haven't slept well for days; first because of a college exam, and last night because of getting on this bus.

I hope I am wrong and the daily life in Lima continues as normal; I especially hope that my brother will not be so busy with visits to the new branch of the company he works for. He will be in Lima for only one week. Then he will return to Mexico City, where he has lived for several years. I miss him a lot, I miss his smile, his chubby cheeks or that mole in the middle of his nose. That's why I keep between the pages of the book I carry in my bag the photo Carlos took last year in the Zócalo and sent it to me for my birthday.

My onomastics have not been the same since my only brother left the country. You enjoy it when someone invites you to have a coffee in any corner and the people of the class arrive a few at a time. At

cuando alguien te invita a tomar un café en cualquier rinconcito y la gente de la clase va llegando de a pocos. En casa, alrededor de la mesa que soporta una torta con la vela encendida, sobra una silla que nadie ocupa. Recuerdo el día que cumplí los doce o trece y Carlos, seis años más viejo, me sacó de la casa al despuntar el alba, para atravesar la capital en busca de mi regalo. Llegamos al mercadillo de El Alto cuando los comerciantes ya habían invadido la calzada con sus múltiples artículos sobre plásticos azules y los carritos de comida anunciaban sopas, choclos cocidos o frituras diversas por el olor que emanaban. Ni bien bajamos del ómnibus, mi hermano me dijo: "escoge tu regalo. Cualquier cosa que no pase de cien". Como buen juntador de propinas sabía en qué gastar.

Nuestra visita al mercado no duró ni una hora. Luego de un par de vueltas observando ropa y cosméticos de dudosa procedencia, no quise complicarle la vida y elegí un cassette que tenía grabado, entre otras cosas, un popurrí del grupo Pandora. "¡Vendrán mejores días!", le dije y le palmeé la espalda. Él insistió en que debería escoger algún otro accesorio, como una peineta o un pañuelo, pero le dije que con la música estaba bien. Así que luego de un ponche de habas y su respectivo sándwich de chola regresamos a casa.

Antes de abordar el transporte el conductor me dijo: "apenas suban todos los pasajeros nos vamos", pero parece que se ha olvidado, pues ahora sí acaba

home, around the table that supports a cake with a lit candle, there is a chair left over that no one occupies. I remember the day I turned twelve or thirteen and Carlos, six years older, took me out of the house at dawn, to cross the capital in search of my gift. We arrived at the flea market in El Alto when the merchants had already invaded the road with their multiple articles on blue plastic and the food carts announced soups, cooked corn or various fried foods by the smell they emanated. As soon as we got off the bus, my brother told me: "Choose your gift. Anything under a hundred. As a good tip collector, he knew what to spend it on.

Our visit to the market didn't even last an hour. After a couple of laps looking at clothes and cosmetics of dubious origin, I didn't want to complicate his life and chose a cassette that had a recording, among other things, a medley of the group Pandora. "Better days will come!", I told him and patted him on the back. He insisted that I should choose some other accessory, like a comb or a handkerchief, but I told him the music was fine. So after a bean punch and a chola sandwich we returned home.

Before boarding the bus the driver told me: "as soon as all the passengers get on, we are leaving", but it seems that he has forgotten, because now he has just filled up and nothing to leave. It doesn't matter, in a couple of minutes I will put on my headphones and turn on the walkman to stop lis-

de llenarse y nada de partir. No importa, en un par de minutos me pondré los audífonos y prenderé el walkman para no escuchar más a los dos hombres de atrás que siguen hablando del partido Bolivar vs Oriente, del árbitro y jugadores; mientras los ancianos de adelante mastican algo que sacan de una ruidosa bolsa plástica y la chica de al lado me mira, sonríe y pregunta si yo también voy hasta Copa a lo cual respondo que sí. Sin parar de sonreír agrega: "¡qué bueno! así no me sentiré sola y podremos conversar todo el camino hasta llegar al lago. Allá me espera Sergio, un ex vecino, amigo de mi tío, un tipo buena gente; atiende en un bar y me consiguió el trabajo de camarera en el mismo establecimiento en el cual labora. Estaré en el horario nocturno porque de noche se gana más. En el día limpiaré habitaciones en un hotel junto al bar". Yo hago un "uhmm" como signo de interés mientras ella agrega "¡Todo lo que una tiene que hacer por dinero!" y se queja de que en el país no hay oportunidades ni el gobierno tiene interés de generarlas, que ni siquiera pudo terminar el colegio, que vino desde Oruro con sus padres, a vivir en un cuartito alquilado y todos tuvieron que salir a trabajar, incluso ella, pero el dinero que ganaba como vendedora por catálogo ya no le alcanza, pues todo está más caro o siempre aparecen cosas por comprar. Se lamenta porque deja el hogar y el barrio, sobre todo se aleja de su tía Eloísa que en realidad no era familia sino una vecina también de Oruro que cuidó de ella y su hermana cuando todavía eran niñas,

tening to the two men in the back who continue talking about the Bolivar vs Oriente game, the referee and players; while the old men in front of me chew something they take out of a noisy plastic bag and the girl next to me looks at me, smiles and asks if I am also going to Copa to which I answer yes. Without stopping smiling, she adds: "That's great, this way I won't feel alone and we can talk all the way to the lake. Sergio, a former neighbor, a friend of my uncle's, a nice guy, waits for me there; he works in a bar and got me a job as a waitress in the same establishment where he works. I'll be working at night because there is more money to be made at night. During the day I will clean rooms in a hotel next to the bar". (I make an "uhmm" as a sign of interest while she adds) "Everything you have to do for money" and complains that in the country there are no opportunities and the government has no interest in generating them, that she could not even finish school, that she came from Oruro with her parents, to live in a rented room and everyone had to go out to work, including her, but the money she earned as a catalog seller is no longer enough, because everything is more expensive or always appear things to buy. She regrets leaving her home and the neighborhood, especially her aunt Eloísa, who was not really family but a neighbor from Oruro who took care of her and her sister when they were still children, while her parents had been working. Her name is Roxana.

Roxana pauses in the story of her life and

mientras sus padres trabajaban. Se llama Roxana.

Roxana hace una pausa en el relato de su vida y busca, entre las cosas que trae en su cartera negra de cuero falso, la fotografía de su enamorado que me quiere mostrar. Yo me pregunto si ella no tendrá temor de viajar sola, a mudarse lejos de casa, a la incertidumbre, al hecho de que en caso de surgir algún problema no tenga a quién recurrir o pueda caer en manos de quién sabe. Parece que no encuentra la foto y yo aprovecho la oportunidad para arreglarme el cabello mientras miro por la ventana. Afuera hay un aglomerado de vehículos esperando también su partida. Unos harán el mismo trayecto nuestro; otros tienen un aparente destino final tan diverso como los alegres colores de la latonería que los distinguen. Potosí, Oruro, Cochabamba, Santa Cruz, Tarija, Sucre, Villazón, Uyuni. Algunos se atreven a ir un poco más allá; Arica, Santiago, Juliaca, Tucumán. Valerosos conductores, atrevidos pasajeros. El camino a los Yungas.

En cuanto a mí, me esperan aproximadamente cuatro horas de viaje, algo más de 150 kilómetros. Será mi primera visita al Titicaca. Me cubre un cielo celeste. He leído en las guías de viajes que me acompañaran simpáticas casitas de adobe desperdigadas entre sembríos de papas, ocas y la cordillera nevada. Cruzaré el estrecho de Tiquina para poder llegar al "mirador del azul", significado de Copacabana. Intentaré conocer la isla del sol, subir su escalera inca, recorrer el camino ancestral que serpentea

searches among the things she carries in her black faux leather wallet for the photograph of her boy friend that she wants to show me. I wonder if she is not afraid of traveling alone, of moving far from home, of uncertainty, of the fact that in case of any problem she has no one to turn to or that she might fall into the hands of who knows. She can't seem to find the picture and I take the opportunity to fix my hair while looking out the window. Outside there is a crowd of vehicles also waiting for their departure. Some will make the same journey as ours; others have an apparent final destination as diverse as the cheerful colors of the brasswork that distinguish them. Potosi, Oruro, Cochabamba, Santa Cruz, Tarija, Sucre, Villazon, Uyuni. Some dare to go a little further; Arica, Santiago, Juliaca, Tucumán. Brave drivers, daring passengers. The road to the Yungas.

As for me, I have about four hours of travel ahead of me, a little over 150 kilometers. It will be my first visit to Titicaca. I am covered by a blue sky. I have read in the travel guides that I will be accompanied by nice little adobe houses scattered among potatoes and *ocas* fields, and the snow-capped mountain range. I will cross the Tiquina Strait to reach the "blue viewpoint", meaning Copacabana. I will try to get to know the island of the sun, climb its Inca staircase, walk the ancestral road that winds through terraces and mud houses while perhaps the view is delighted with the shades of blue that paint the sky next to the "stone puma". Then I will

andenes y casitas de barro mientras quizás la vista se deleita con las tonalidades de azul que pintan el cielo junto al "puma de piedra". Luego cruzaré la frontera por el paso de Yunguyo para llegar a Puno y sus islas de los Uros. Más adelante transitaré las calles de piedra de sillar de Arequipa bajo la mirada del volcán Misti y, finalmente, Lima. Una semana después regresaré a Bolivia, si el Todopoderoso lo permite. ¡Que ansias! ¡No puedo esperar! El bus comienza a avanzar.

1.1 Materia sin espíritu no tiene vida (el zócalo, DF). Matter without spirit has no life (el zócalo, DF).

cross the border through the Yunguyo pass to reach Puno and its Uros islands. Later on, I will travel the ashlar stone streets of Arequipa under the gaze of the Misti volcano and, finally, Lima. A week later I will return to Bolivia, if the Almighty allows it. I can't wait! The bus begins to move forward.

1.1 There are always signs that mark the way (arriving at Copa).

Siempre hay señales que marcan el camino (llegando a Copa).

Puro pretexto

Just pretext

II

"Caminante, no hay camino; haz camino al andar". En cierta ocasión, conocí a un santiaguino en el norte de Chile; un "infiltrado" dentro del grupo de alumnos de la facultad que estábamos cenando en un simpático restaurante, luego de participar de una serie de conferencias organizada por una universidad local. En busca de vianda con qué llenar la memoria, más allá de las empanadas chilenas, decidimos seguir explorando la ciudad alrededor del campus universitario. Fue al término del segundo y último día de actividades estudiantiles, antes de emprender el regreso a Huancayo a la mañana siguiente. En medio de nuestra charla farmacopeica y música de Illapu, nuestro nuevo amigo soltó la frase de Antonio Machado. Ignoro cómo llegó a sentarse junto a mi amiga Mabel en la otra esquina de la mesa; supongo que fue mientras estuve lavándome las manos, luego del picante de guata, antes del café. Tampoco supe en ese momento la autoría de dichas palabras, que desde aquel entonces han norteado mis pasos y hoy me ubican al borde de un acantilado, intentando sembrar lo que tengo a la mano. Hace treinta minutos que el taxista estacionó su vehículo a un lado del río Piñascocha. No existe vía asfaltada hasta aquí, sólo un caminito de ripio que soplaba polvo mientras avanzaba la camioneta contratada desde el puente Pachacayo, principal vía

II

"Wayfarer, there is no path; make the path as you go". On a certain occasion, I met a Santiago man in the north of Chile; an "infiltrator" within the group of students of the faculty who were having dinner in a nice restaurant, after participating in a series of conferences organized by a local university. In search of food to fill our memories, beyond the Chilean empanadas, we decided to continue exploring the city around the university campus. It was the end of the second and last day of student activities, before heading back to Huancayo the next morning. In the midst of our pharmacopoeia talk and Illapu music, our new friend blurted out Antonio Machado's phrase. I don't know how he came to sit next to my friend Mabel in the other corner of the table; I suppose it was while I was washing my hands, after the picante de guata, before the coffee. Nor did I know at that time the authorship of those words, which since then have guided my steps and today place me on the edge of a cliff, trying to sow what I have at hand. Thirty minutes ago the cab driver parked his vehicle on one side of the Piñascocha River. There is no paved road up to here, only a small gravel road that blew dust as the hired wagon advanced from the Pachacayo bridge, the main access road, 14 kilometers back. Shucto Canyon, in the Nor Yauyos-Cocha

de acceso, 14 kilometros atrás. El cañón de Shucto, en la reserva paisajística Nor Yauyos-Cocha, dista unos 53 kilómetros de Jauja, la ciudad cercana más grande.

Subir hasta el mirador natural del cañón tarda sólo algunos minutos. El esporádico visitante sube la pendiente acompañado de su destreza y el sentido común para sortear los obstáculos que se presentan como el barro, la hierba resbaladiza o alguna roca. No existe una ruta señalizada. A pesar de que el ascenso se tornó algo complicado por el ichu húmedo por la lluvia o el rocío de la mañana, pesó más nuestro deseo de proseguir. Sin embargo, al temor de resbalar se le sumó el viento frío de los 3900 msnm que volverían cansinos los pasos de los inadaptados a estas altitudes.

Isabel y yo llegamos a la cima y sentimos vértigo al comprobar la altura en la cual estamos. Dicen que en algún tramo las paredes del cañón pueden llegar a medir algo más de 60 metros de altura. Y nosotras lo creemos.

Desde aquí el camino por el cual hemos llegado junto al río Piñascocha parecen dos delgadas serpientes que se arrastran en paralelo. El miedo a resbalarse y caer al abismo desaparecen cuando compruebas la belleza de las paredes rojizas y blanquecinas del cañón, los cerros verdes de tanto ichu y el silbido del viento que rompe el silencio del lugar. Según el señor Ernesto, el chofer del vehículo, pocos turistas vienen a este lugar. Sólo es

Landscape Reserve, is 53 kilometers from Jauja, the largest nearby town.

Climbing up to the natural viewpoint of the canyon takes only a few minutes. The sporadic visitor climbs the slope accompanied by his dexterity and common sense to avoid obstacles such as mud, slippery grass or rocks. There is no signposted route. Although the ascent became somewhat complicated because of the wet ichu due to the rain or the morning dew, our desire to continue was stronger. However, the fear of slipping was added to the cold wind at 3900 meters above sea level, which would make the steps of those who are not adapted to these altitudes tiring.

Isabel and I reached the top and felt vertigo when we realized how high we were. They say that in some sections the canyon walls can reach a height of more than 60 meters. And we believe it.

From here the path along which we have arrived next to the Piñascocha River looks like two thin snakes that crawl in parallel. The fear of slipping and falling into the abyss disappears when you see the beauty of the reddish and whitish walls of the canyon, the green hills of so much ichu and the whistling wind that breaks the silence of the place. According to Mr. Ernesto, the driver of the vehicle, few tourists come to this place. It is only visited by sheep and llama herders or a solitary condor in search of the remains of a deceased animal.

transitado por pastores de ovejas y llamas o algún solitario cóndor en busca de restos de un difunto animal.

La soledad que percibo desde el mirador del cañón de Shucto se asemeja a lo que siento cada vez que caigo en cuenta de que mi hermana está más cerca de su partida. Se irá, volverá a encontrarse con Akira y sólo sus cartas o quincenales llamadas telefónicas me la devolverán. Seguramente recordaré aquellos días como hoy, como ayer que salimos de nuestra casa en Huancayo para conocer este rincón del país como un mero pretexto, como todo en la vida, para estar juntas un poquito más de tiempo. A veces creo que los pobres no solamente carecemos de recursos, sino que también estamos destinados a sufrir de soledad.

Observo los cerros que nos rodean y me pregunto si en Japón las montañas serán iguales, si el monte Fuji será tan bonito como dicen que es. Mi cuñado Akira dice que es la montaña más alta del país y que en días despejados lo puede ver desde la ventana de su habitación. En un par de semanas Isabel podrá corroborar o no esa afirmación y muchas otras cosas que Akira nos ha contado por cartas sobre Japón. En uno de sus escritos comentó que allá nadie sabe qué es Japón, ni dónde queda, aunque se lo digas tres veces "¡Japón, Japón; sí, Japón!". Cosa distinta sucede si uno dice Nihon, a lo cual los oriundos responden algo como "¡Ohh, Nihon; sí, Nihon grande, uhmm!".

Traces

The loneliness I perceive from the viewpoint of
Shucto canyon resembles what I feel every time I
realize that my sister is closer to her departure. She
will be gone, she will go back to meet Akira and
only her letters or biweekly phone calls will bring
her back to me. I will surely remember those days
like today, or like yesterday, when we left our home
in Huancayo to get to know this corner of the
country as a mere pretext, like everything in life, to
be together a little longer. Sometimes I think that
we poor people not only lack resources, but we are
also destined to suffer loneliness.

I look at the hills around us and wonder if the
mountains in Japan are the same, if Mount Fuji is as
beautiful as they say it is. My brother-in-law Akira
says it is the highest mountain in the country and
that on clear days he can see it from his bedroom
window. In a couple of weeks Isabel will be able to
corroborate or not that statement and many other
things Akira has told us in letters about Japan. In
one of his writings he commented that nobody
there knows what Japan is, or where it is, even if
you say it three times Japan, Japan; yes, Japan! A
different thing happens if you say Nihon, to which
the locals reply something like "¡Ohh, Nihon; yes,
big Nihon, uhmm!".

Fortunately for Isabel everything went as expected. There were kind people who helped her
during the time she was processing the Japanese
visa while the consulate in Lima was without atten-

Rastros

Felizmente para Isabel todo le ha salido como lo esperaba. Hubo gente amable que la ayudó durante el tiempo que estuvo tramitando el visado japonés mientras el consulado en Lima estuvo sin atención por la toma de la embajada. Creo que sin ellos se le habría dificultado llegar al consulado, encontrar hotel y todo lo demás. Veo que Dios coloca a personas indicadas en el momento exacto para llevar a cabo su buena voluntad. Y el financiamiento del pasaje aéreo fue la cereza sobre el pastel.

Mañana temprano regresaremos a nuestra ciudad y al comprobar que la aventura acabó seguramente cada una estará en silencio, en su intrínseco rincón, disimulando la tristeza al recordar nuestras visitas sabatinas al parque de la identidad Huanca o a las empedradas colcas Wari de Arwaturo desde donde solíamos ver las azules aguas de la laguna de Ñahuinpuquio. Dice una leyenda que en la época de la conquista del Perú, ante la inminente llegada de los españoles a la zona de Chupaca (en la cual se encuentran las colcas y el espejo de agua), los lideres de la zona decidieron arrojar sus tesoros en la laguna antes que entregárselos a los invasores. Con respecto a Arwaturo, alguien me dijo que es preferible usar la palabra "restos arqueológicos" en vez de "ruinas". "Ruinas" son los restos de lo que anteriormente fue un todo, pero debido a algún acto destructivo o falta de mantenimiento a sido derruido. Esto también me sabe a las interacciones humanas. Últimamente me encuentro ahogando conatos de llanto y repitiéndome a mí misma que

tion due to the takeover of the embassy. I believe that without them it would have been difficult for her to get to the consulate, find a hotel and everything else. I see that God places the right people at the right time to carry out His good will. And the financing of the airfare was the icing on the cake.

Tomorrow early in the morning we will return to our city and when we realize that the adventure is over, surely each one of us will be in silence, in our intrinsic corner, hiding our sadness when we remember our Saturday visits to the park of the Huanca identity or to the paved Wari colcas of Arwaturo from where we used to see the blue waters of the Ñahuinpuquio lagoon. A legend says that at the time of the conquest of Peru, before the imminent arrival of the Spaniards to the area of Chupaca (where the colcas and the water mirror are located), the leaders of the area decided to throw their treasures in the lagoon rather than give them to the invaders. Regarding Arwaturo, someone told me that it is preferable to use the word "archaeological remains" instead of "ruins". "Ruins" are the remains of what was formerly a whole, but due to some destructive act or lack of maintenance has been demolished. This also tastes to me of human interactions. Lately I find myself choking back tears and repeating to myself that I will always be with Isabel. She is taking pictures to show her husband and hasn't said anything for a while.

siempre estaré junta a Isabel. Ella está tomando fotos para enseñárselas a su esposo y hace rato que no dice nada.

El taxista desde abajo nos hace señas, parece que ya es hora de volver. Regresaremos a Jauja por el caminito de ripio hasta llegar al asfalto de la carretera central. Al anochecer comeremos en el mismo restaurante de la cena de ayer, al costado del hotel donde nos alojamos, cerquita a la plaza de armas. Ordenaré otra vez la sopa de mote y trucha frita e Isabel seguramente pedirá lo mismo. Conozco de sobra a mi hermana, la que siempre sacaba buenas calificaciones en la escuela y que estuvo dentro del tercio superior desde que comenzó hasta que culminó la universidad. Una pena que no pudo ejercer mucho tiempo la enfermería, pues al cabo de algunos meses de haber ingresado a laborar en el hospital regional conoció al "chino" Akira en una feria dominical de Huancayo. Él estaba sentado sobre una vereda, comiendo un pedazo de cuy frito, y nosotras, después de recorrer todos los coloridos puestos ambulantes de la feria, nos sentamos a su lado para consumir las dos porciones de mazamorra de Tocosh, que le habíamos comprado a una señora que sale de Pasco todos los domingos, a ofrecer su producto en dos ollas de barro puestas en el suelo. Entonces Akira nos preguntó qué era esa cosa que comíamos, que se veía riquísimo pero que no olía como tal. Ese fue el comienzo de una larga charla gastronómica que fue desde el asunto del tocosh, esa olorosa fuente de

Traces

The cab driver signals us from below, it seems that it is time to go back. We return to Jauja by the gravel road until we reach the asphalt of the central highway. In the evening we will eat in the same restaurant as yesterday's dinner, next to the hotel where we are staying, near the main square. I will order the mote soup and fried trout again and Isabel will probably order the same. I know my sister well, the one who always got good grades in school and was in the top third from the time she started until she finished college. It is a pity that she was not able to practice nursing for long, because a few months after she started working at the regional hospital, she met the "Chinese" Akira at a Sunday fair in Huancayo. He was sitting on a sidewalk, eating a piece of fried guinea pig, and we, after going through all the colorful street stalls of the fair, sat down next to him to eat two portions of Tocosh mazamorra, which we had bought from a lady who comes from Pasco every Sunday to offer her product in two clay pots placed on the ground. Then Akira asked us what was that stuff we were eating, which looked delicious but didn't smell like it. That was the beginning of a long gastronomic chat that went from the subject of tocosh, that smelly source of natural penicillin obtained from potatoes fermented in pools of river water, to the story of the Huancaína lady who sold potatoes with cream of herbs and cheese on the road to La Oroya and that would end with a mutual invitation to dine on grilled trout to start a friendship, which

penicilina natural obtenida de la papa fermentada en pozas con agua de río, pasando por la historia de la señora huancaína que vendía papas con crema de hierbas y queso en la carretera de la Oroya y que terminaría con una mutua invitación para cenar trucha a la plancha para empezar una amistad, que luego de dos años se convertiría en matrimonio entre ambos. Antes de terminar aquella primigenia charla le dimos nuestros nombres e inconscientemente nos mezclamos entre la gente o los distintos puestos ambulantes para descubrir un no sé qué desapercibido, porque ya habíamos visto hasta el cansancio las exhibiciones de ollas, matamoscas y calzoncillos, hasta sabíamos cuantas cabezas de ovejas cercenadas había en toda la feria. Luego de compartir unos vasos de chicha de maní, nos despedimos sin antes preguntarle en qué barrio vivía, disimulando el hecho de que por su aspecto sabíamos que no era de aquí.

Ya a pasado cierto tiempo desde aquello y, mientras damos los primeros pasos de nuestro descenso, lo recuerdo vívidamente, como si hubiese ocurrido el día de ayer. A veces, entre muchas preguntas que rondan por mi cabeza, me cuestiono por qué no puedo olvidar un hecho favorable si la felicidad de mi hermana debiera ser la mía. Presiento que en el fondo de mi alma todavía persiste el "por qué no yo si justamente fui yo la que decidió sentarse a su lado fingiendo una coincidencia". Una cicatriz que por algún lado supura. Por eso también me pregunto si no era mejor que se fueran los dos juntos a Japón;

after two years would become a marriage between my sister and him. Before finishing that primitive chat we gave him our names and unconsciously we mingled among the people or the different street stalls to discover an unnoticed I don't know what, because we had already seen to exhaustion the displays of pots, fly swatters and underpants, we even knew how many severed sheep's heads there were in the whole fair. After sharing a few glasses of chicha de maní, we said goodbye without first asking him what neighborhood he lived in, disguising the fact that we knew from his appearance that he was not from here.

Some time has passed since then, and as we take the first steps of our descent, I remember it vividly, as if it happened yesterday. At times, among the many questions that haunt my mind, I ask myself why I cannot forget a favorable event if my sister's happiness should be my own. I sense that deep in my soul there still lingers a "why not me if I was the one who decided to sit next to her pretending a coincidence". A scar that is festering somewhere. That's why I also wonder if it wasn't better for the two of them to go to Japan together; at least they wouldn't be alone and I would recover my sanity. God places the right people to carry out his perfect will; however, sometimes he also takes them away. Anyway, for the moment I can't foresee anything else but some butterflies that have come to flutter around us.

por lo menos no estarían solos y yo recuperaría mi sanidad. Dios coloca las personas idóneas para llevar a cabo su perfecta voluntad; sin embargo a veces también las quita. En fin, por el momento no puedo avizorar otra cosa más que unas mariposas que han llegado a revolotear en torno nuestro.

Sinceramente espero que todo le vaya bien a mi hermana; y no lo digo sólo por el largo viaje (ocho horas en autobús hasta Lima más seis del vuelo hacia Dallas, donde hará transbordo, además de otras doce restantes hasta Narita) o la importancia de saber un mínimo de inglés para moverse dentro de un aeropuerto, porque ella no sabe ni pizca del idioma anglosajón o de japonés. Ruego para que algún hispanohablante pueda ayudarla durante el viaje cuando lo necesite. Ruego, sobre todo, por el hecho de que la convivencia no siempre es fácil. En cierta ocasión Isabel me dijo "en algún momento reviven los muertos" pues teme que tal vez Akira haya cambiado en estos dos años de distanciamiento y ahora espere una mujer flaca como las japonesas o sea riguroso con ciertos aspectos estéticos o con los quehaceres de la casa. Las personas cambian y la sociedad influye. Creo que a Isabel le hubiese gustado tener la oportunidad de pasar más tiempo juntos para conocerse mejor, porque un par de meses después de casados, a pesar de seguir en su luna de miel, tuvieron que devolver el apartamento alquilado, pues a él le pareció que renunciar a su empleo en la imprenta de su tío, en el jirón Cailloma del centro de Lima, e ir a trabajar a Japón,

I sincerely hope that everything goes well for my sister; and I am not only saying this because of the long trip (eight hours by bus to Lima plus six hours for the flight to Dallas where she will change the flight line, plus another twelve hours to Narita) or the importance of knowing a minimum of English to move around an airport, because she does not know a bit of English or Japanese. I pray that a Spanish speaker can help her during the trip when she needs it. I pray, above all, for the fact that living together is not always easy. On one occasion Isabel told me "at some point the dead come back to life" because she fears that perhaps Akira has changed in these two years of estrangement and now expects a skinny woman like the Japanese or is rigorous with certain aesthetic aspects or with the chores of the house. People change and society influences. I think Isabel would have liked to have had the opportunity to spend more time together to get to know each other better, because a couple of months after they were married, even though they were still on their honeymoon, they had to return the rented apartment, because he felt that quitting his job at his uncle's printing house, in the Calloma street in downtown Lima, and going to work in Japan, was the best thing for both of them.

era lo mejor para los dos.

2.1 Vida después de la muerte (cañón del Shucto).
Life after death (Shucto canyon).

2.2 Two slender snakes crawling in parallel (Shucto canyon).
Dos delgadas serpientes arrastrándose en paralelo (cañón del Shucto).

La playa

The beach

III

Mamá ¿A dónde vamos? A Guayaquil, mi hija, a Guayaquil ¿Falta mucho para llegar? Ehh… ya van a ser casi cinco horas desde que dejamos Dallas, así que no tardaremos mucho. Mamá, ya me cansé de estar tanto tiempo sentada, ¿puedo levantarme? No, es peligroso, puede haber una turbulencia, te caes al piso, te duele y comienzas a llorar. El avión se zarandea cuando atraviesa las entrañas de una nube y, si al mismo tiempo también las niñas se mueven del asiento, puede pasar que la nave se caiga del cielo. ¿Quieres que todos nos caigamos? No, mamá. Hija, sigue pintando; mira, te falta colorear el sol de amarillo, ¿porqué has pintado el mar de verde? Aquí te faltó la montaña. Termina tus dibujos y te llevo al baño para que camines un poco. Además, si la aeromoza te ve parada nos va a regañar a las dos y ya no va a traer más jugo de naranja. Mejor sigue sentada como en tus clases del colegio, ¿acaso también te quejas con la profesora de estar sentada mucho tiempo? No, mamá, mi profesora es muy buena, me ayuda a hacer la tarea, a lavarme las manos después del recreo, juega conmigo. ¿Adónde vamos? A Guayaquil. ¿En ese lugar fuiste a la escuela cuando eras niña? Ehh... no, de niña fui a la escuela en un lugar que se llama Vilcabamba, un pueblito con una plaza muy bonita, chiquita y bonita igual a ti. ¿Y me vas a llevar a allá,

III

Mom, where are we going? To Guayaquil, my daughter, to Guayaquil. How much longer until we get there? Ehh... it's going to be almost five hours since we left Dallas, so it won't be long. Mom, I'm tired of sitting for so long, can I get up? No, it's dangerous, there could be turbulence, you fall to the ground, it hurts and you start crying. The plane shakes when it goes through the bowels of a cloud, and if the girls move out of their seats at the same time, the plane may fall out of the sky. Do you want us all to fall out of the sky? No, mom. Daughter, go on painting; look, you have not colored the sun yellow, why did you paint the sea green? Here you missed the mountain. Finish your drawings and I'll take you to the bathroom so you can walk around a bit. Besides, if the flight attendant sees you standing, she'll scold us both and won't bring you any more orange juice. You'd better keep sitting like in your school classes, do you also complain to the teacher about sitting too much? No, mom, my teacher is very nice, she helps me to do my homework, to wash my hands after recess, and she plays with me. Where are we going? To Guayaquil. Is that where you went to school when you were a child? Ehh... no, when I was a child I went to school in a place called Vilcabamba, a small town with a very pretty square, small and pretty, just like you. And are you

mamá? Sí, pero primero llegaremos a Guayaquil, un lugar donde toda la gente habla español y siempre hace calor. Allí bajaremos del avión. Luego de visitar algunos parientes tomaremos el autobús hasta Loja, la ciudad donde viví con mis papitos antes de ir a Japón. Después continuaremos el viaje hasta llegar a Vilcabamba, en donde conocerás al resto de la familia. ¿Cuando lleguemos al pueblito podemos ir a la playa, mamá? Ehh… no, allá no hay mar. Pero, mamá, una vez dijiste que mis abuelos vivían cerca al mar. Ahh sí, los papás de tu papá viven en una ciudad bien grande frente al océano. Mi pueblito no tiene mar, pero sí un río de aguas frescas, puras, que sirven para producir mucha comida sana y rica; también puedes ver pequeños peces nadando o ranas saltando de un lado a otro. Además, en Loja hay un castillo como en los cuentos de reyes y princesas. Sé que te va gustar. ¿Y cuándo vamos a ir a la playa, mamá? No sé si tengamos tiempo para la playa; pero la próxima vez, cuando vayamos a Lima con tu papá para visitar a tus abuelitos, conoceremos el mar donde él iba a nadar todos los veranos; pero allá las playas no son iguales como las que conocimos el año pasado, sino un mar de aguas oscuras y frías, orillas de piedras ovaladas, donde es mejor caminar con calzado si no quieres que te duelan los pies. Sabes, la otra noche tuve un sueño raro, de miedo, en el cual me vi remando en una canoa sobre aguas oscuras, seguramente como aquellas en las cuales tu papá solía nadar; de pronto, cerca de mí, apareció una aleta. En el acto me dije

going to take me there, mom? Yes, but first we'll get to Guayaquil, a place where all the people speak Spanish and it's always hot. There we will get off the plane. After visiting some relatives we will take the bus to Loja, the city where I lived with my parents before going to Japan. Then we will continue the trip to Vilcabamba, where you will meet the rest of the family. When we get to the village can we go to the beach, mom? Ehh... no, there is no sea there. But, mom, you once said that my grandparents lived near the sea. Ahh... yes, your dad's parents live in a big city in front of the ocean. My little town doesn't have an ocean, but it does have a river with fresh, pure water that produces lots of healthy and tasty food; you can also see little fish swimming or frogs jumping from one side to the other. Also, in Loja there is a castle like in the tales of kings and princesses. I know you will like it. And when are we going to the beach, Mom? I don't know if we will have time for the beach; but next time, when we go to Lima with your dad to visit your grandparents, we will know the sea where he used to go swimming every summer; but there the beaches are not the same as the ones we knew last year, but a sea of dark and cold waters, shores of oval stones, where it is better to walk with shoes if you don't want your feet to hurt. You know? the other night I had a weird, scary dream, in which I saw myself paddling in a canoe on dark waters, surely like those in which your dad used to swim; suddenly, close to me, a fin appeared, and immediately I said to my-

¡un delfín, qué bueno! pero a medida que la aleta se acercaba vino la duda. ¿Delfín o tiburón?, ¿te imaginas? Me desperté asustada, y me pegué a la espalda de tu papá, que roncaba como chancho. ¿Te acuerdas del viaje del año pasado? Sí, sí me acuerdo, mamá, fue allí donde conocimos a ese señor bien alto, a su esposa y a un niñito, que eran de otro país; recuerdo que nos fuimos todos juntos a una isla que tenía un mar verdecito, muchos peces chiquitos de colores nadando cerca de la orilla y un tiburoncito detrás de ellos que se los quería comer a todos, ¿te acuerdas, mamá?...¿te acuerdas?...¿recuerdas, mamá?...¿mamá?...¿mamá?...la playa, sí, la playa, cómo olvidar; final del invierno del 2007, el vuelo de Z airlines llegó a Male con algo de retraso pero aún así pudimos tomar el ferry de las tres de la tarde hacia Maafushi, tal como lo habíamos planeado; es más, tuvimos algo de tiempo para almorzar curry con arroz blanco y pescado frito, que olía riquísimo, en un puesto ambulante ubicado a un costado de la entrada del puerto de donde salen todos los ferrys hacia los atolones cercanos a Male. Después de pagar los aproximadamente dos dólares americanos por cada billete, nos subimos a la embarcación que nos llevaría a nuestra isla base de Maafushi. Hora y media es el tiempo que se demora en navegar los veintitantos kilómetros que la separan de la capital maldiva. Allí, sentados entre los últimos asientos del barco, conocimos a Dmitri, su esposa María y su nieto de ocho años Román. Él, ex militar ruso y recientemente jubilado, nos contó

self, "a dolphin, how nice! I immediately thought to myself: a dolphin, how cool! but as the fin got closer, I was in doubt: dolphin or shark, can you imagine? I woke up frightened, and I stuck to your dad's back, who was snoring like a pig. Do you remember last year's trip? Yes, yes I remember, mom, it was there where we met that tall man, his wife and a little boy, they were from another country; I remember we all went together to an island that had a green sea, lots of little colorful fish swimming near the shore and a little shark behind them that wanted to eat them all, do you remember, mom?... do you remember?...do you remember, mom?...do you remember?...mom, mom, mom?... the beach, yes, the beach, how to forget; end of winter 2007, the Z airlines flight arrived in Male with some delay but we were still able to take the 3 pm ferry to Maafushi, as we had planned; moreover, we had some time to have lunch curry with white rice and fried fish, that smelled delicious, in a street stall located next to the entrance of the port from where all the ferries depart to the atolls near Male. After paying the approximately two US dollars for each ticket, we boarded the boat that would take us to our island base of Maafushi. An hour and a half is the time it takes to navigate the twenty-something kilometers that separate it from the Maldivian capital. There, sitting among the last seats on the ship, we met Dmitri, his wife Maria and their eight-year-old grandson Roman. He, a former Russian military officer and recently retired,

en una mezcla de ruso, inglés, sonidos y gestos, que uno de sus sueños era conocer el mundo, que luego de visitar Turquía, Jordania, Tailandia y Sri Lanka habían llegado hasta Maldivas. María, doctora y también jubilada, había estado en Cuba a mediados de los ochentas y en su corta estadía en la isla tuvo la oportunidad de conocer gente de más al sur; doctores ecuatorianos y colombianos, profesores pertenecientes al partido socialista del Perú. "Todos muy amables", comentó. Un día antes de su regreso a Rusia, en el receso que da la tarde a la fragua del mediodía caribeño, se llevó a cabo una reunión de camaradería en el departamento de uno de sus colegas del nosocomio en el cual realizaba un asesoramiento. Entre las viandas típicas que permitían los bolsillos y los productos del centro de abastos local, tuvo la oportunidad de probar el caldo de manguera; a base de arroz, salchicha y sangre de cerdo. Tradicionalmente se dice que el caldo era elaborado en las casas y ofrecida, junto con otros artículos, a los bomberos como gratitud por sus servicios a la comunidad y valentía. El plato típico guayaco le llamó la atención a María por lo simples de los insumos. "Con algo de creatividad se pueden hacer grandes cosas", agregó luego de saber que yo era de Ecuador. Supongo que el calor sudamericano y el sol cubano es de extrañar en la rigurosidad del invierno de una tarde moscovita. Todo el trayecto desde Male hasta Maafushi estuvimos intentando conversar sobre cualquier asunto que nos viniera a la mente. De nuestra parte supimos lo anterior,

told us in a mixture of Russian, English, sounds and gestures, that one of his dreams was to see the world; that after visiting Turkey, Jordan, Thailand and Sri Lanka they had reached the Maldives. Maria, a doctor and also retired, had been in Cuba in the mid-eighties and in her short stay on the island she had the opportunity to meet people from further south: Ecuadorian and Colombian doctors, professors belonging to the Peruvian socialist party. "They were all very kind," she said. A day before her return to Russia, during the afternoon break at the Caribbean midday forge, a meeting of camaraderie was held in the apartment of one of her colleagues at the hospital where she was a consultant. Among the typical viands that the pockets and the products of the local food center allowed, she had the opportunity to taste the caldo de manguera; based on rice, sausage and pork blood. Traditionally it is said that the broth was prepared in the homes and offered, along with other items, to the firemen as gratitude for their services to the community and bravery. The typical Guayaco dish caught María's attention because of the simplicity of the ingredients. "With some creativity you can do great things," she added after learning that I was from Ecuador. I guess the South American heat and the Cuban sun is to be missed in the harsh winter of a Moscow afternoon. All the way from Male to Maafushi we were trying to talk about whatever came to our minds. From our side we knew the above, besides listening to Maria cheerfully telling how they both

además de escuchar a María contar alegremente cómo ambos se conocieron en Crimea, lugar donde María trabajaba en una clínica privada antes de vivir en Moscú, mientras que Dmitri iba desde su destacamento en Krasnodar a visitar a su amigo en Sebastopol. "Estábamos por cerrar la clínica, de pronto él entró casi corriendo a pedir los servicios higiénicos porque tenía una emergencia sanitaria; entonces le pregunté si quería una consulta con el doctor. '*No necesito una consulta para defecar*', contestó". Posteriormente, ellos conocerían cómo es la vida de un inmigrante latinoamericano en Japón; el paso de la magia del descubrimiento del primer mundo al tedio de la rutina diaria. De boca del ex militar nunca supimos algún detalle importante, supongo que por ser hombre habla poco o por el hecho de haber pertenecido a las Fuerzas Armadas tenga conocimiento de cierta clase de información que necesariamente tenga que llevársela a la tumba. O se la lleva junto o él se adelanta primero. Como dice el proverbio: "el que mucho habla, mucho yerra; el que es sabio refrena su lengua". Lo que sí dejó en claro fue su amabilidad con nosotros plasmada en cada gesto, cada sonrisa, a pesar de la fama de gente fría que tienen las personas septentrionales de Europa. Supongo que mientras nos acercamos al ocaso de la senilidad, va cambiando nuestra perspectiva de la vida. Antes de llegar a la isla, Dmitri nos hizo la invitación de cenar todos juntos en el restaurante del hotel donde se hospedaban, a tal hora, invitación que en un co-

met in Crimea, a place where Maria was working in a private clinic before living in Moscow, while Dmitri was going from his detachment in Krasnodar to visit his friend in Sevastopol. "We were about to close the clinic, suddenly he came in almost running to ask for the toilet facilities because he had a sanitary emergency; so I asked him if he wanted a consultation with the doctor. 'I don't need a consultation to defecate', he replied." Later, they would find out what the life of a Latin American immigrant in Japan is like; the passage from the magic of the discovery of the first world to the tedium of the daily routine. From the mouth of the ex-military man we never knew any important detail, I suppose that because he was a man he spoke little or because he belonged to the Armed Forces he had knowledge of certain kind of information that he necessarily had to take it to the grave. Either he takes it with him or he goes first. As the proverb says: "He who speaks much, errs much; he who is wise holds his tongue". What he did make clear was his kindness to us embodied in every gesture, every smile, despite the reputation of cold people that the northern people of Europe have. I guess as we approach the twilight of senility, our outlook on life is changing. Before arriving to the island, Dmitri invited us to have dinner together in the restaurant of the hotel where they were staying, at such an hour, an invitation that at first we declined, citing tiredness or not wanting to interfere in their family intimacy, but that in the end we accepted. Already

mienzo declinamos aludiendo cansancio o no querer interferir en su intimidad familiar pero que al final aceptamos. Ya en el muelle de Maafushi, mientras caminábamos, María, con el buen español que manejaba, me dijo: "no falten, necesito contarte una cosa". Nos despedimos. Al salir del muelle, dos jóvenes de unos veinte años nos esperaban con nuestros tres nombres escritos con un plumón oscuro en un papel blanco. Al acercarnos a ellos nos dijeron que eran funcionarios del hotel. Habíamos hecho la reserva online, por lo cual llegamos a la isla con la duda que da la certeza de que no todo lo que brilla es oro. Así que encontrar alguien para ayudarnos con el traslado del equipaje fue toda una sorpresa. Tomaron las maletas, las pusieron sobre una carreta y nos fuimos caminando hasta llegar al hotel, a unos trescientos metros de allí. Mientras recababan nuestros datos en la recepción, los funcionarios que nos esperaron en el muelle llevaron el equipaje a nuestra habitación. Al terminar el registro, los dos jóvenes que ya habían regresado al lobby se nos acercaron para desearnos una buena estadía, y luego de darles una propina por sus servicios nos fuimos a instalarnos en nuestra…¡mamá! ¡mamá! ¿te acuerdas, mamá?, ¿Te acuerdas de la playa, mamá? Sí, sí recuerdo, hijita, pero adónde vamos ahora no hay mar. Sabes, te voy a contar una historia muy bonita. Vilcabamba, el lugar donde pasé mi niñez, era un lugar mágico pues la gente de allí además de ser personas muy amables, tenían el poder de vivir muchos años, más

at the Maafushi pier, while we were walking, María, with the good Spanish she had, told me: "don't miss it, I need to tell you something". We said goodbye. As we left the pier, two young men in their twenties were waiting for us with our three names written with a dark marker on a white piece of paper. As we approached them they told us they were hotel officials. We had made the reservation online, so we arrived on the island with the doubt that comes with the certainty that not all that glitters is gold. So finding someone to help us with the luggage transfer was quite a surprise. They took the suitcases, put them on a cart and we walked to the hotel, about three hundred meters away. While they collected our details at the front desk, the officials who had been waiting for us at the pier took our luggage to our room. After checking in, the two young men who had already returned to the lobby approached us to wish us a good stay, and after giving them a tip for their services we went to settle into our.... mommy!... mommy!... do you remember, mommy?...do you remember the beach, mommy? Yes, I do remember, my little girl, but where we are going now there is no sea. You know? I am going to tell you a very nice story. Vilcabamba, the place where I spent my childhood, was a magical place because the people there, besides being very kind people, had the power to live for many years, more than 100 years. This news reached other countries and they wondered why people lived so long in that place. One day, some foreign

de 100. Esta noticia llegó hasta otros países y se preguntaban porqué la gente vivía tanto tiempo en aquel lugar. Cierto día, unos turistas extranjeros fueron hasta Vilcabamba y al llegar al pueblo encontraron a un señor muy viejito que, casi arrastrando los pies, andaba por la calle; así que le preguntaron: Abuelito, ¿cuántos años tiene usted? 110, contestó él; y ¿por qué usted vive tanto? preguntaron los turistas. El anciano, perdiendo la mirada en las cumbres cercanas, respondió: No lo sé. La verdad, no lo sé. Pero mi padre ya fallecido decía en aquellos tiempos "toma agua, hijo mío, toma agua" y sonreía. Así que creo que el secreto está en el agua que baja de estas montañas y llega con muchos minerales, como hierro o magnesio. Los turistas, creyendo que ese era el secreto de la larga vida, regresaron a sus países y comenzaron a tomar agua sólo de la marca que contenía más minerales. Al pasar el tiempo, no sentían ningún cambio; seguían enfermándose igual que antes de consumir el nuevo tipo de agua. Así que volvieron a Vilcabamba, buscaron al abuelo para contarle todo lo ocurrido con el agua, y al hallarlo éste les preguntó ¿tomaron mucha agua? Ellos respondieron: Sí, además le pusimos más minerales, un montón. El abuelito volvió a preguntar ¿Y la sonrisa? Ellos se miraron entre sí y arrugaron el rostro de cólera pensando que el anciano los tomaba de tontos, pero el abuelito agregó: "yo les dije la verdad, pero ustedes se olvidaron de ponerle una cosa, ahí fallaron; porque no sólo tenían que beber el agua sino también necesitaban

tourists went to Vilcabamba and when they arrived at the town they found a very old man who, almost dragging his feet, was walking along the street; so they asked him: Grandfather, how old are you? 110, he answered; And why do you live so long? asked the tourists. The old man, losing his eyes in the nearby peaks, answered: I don't know. I really don't know. But my father, now deceased, used to say in those days "drink water, my son, drink water" and he smiled. So I think the secret is in the water that comes down from these mountains and comes with many minerals, such as iron or magnesium. The tourists, believing that this was the secret of long life, returned to their countries and began to drink only the brand of water that contained the most minerals. As time passed, they felt no change; they continued to get sick just as before consuming the new type of water. So they returned to Vilca-bamba, looked for their grandfather to tell him everything that had happened with the water, and when they found him, he asked them, "Did you drink a lot of water? They answered: "Yes, besides, we added more minerals, a lot. Grandpa asked again: "What about the smile? They looked at each other and wrinkled their faces in anger, thinking that the old man was making fools of them, but the grandfather added: "I told you the truth, but you forgot to put one thing, there you failed; because not only did you have to drink the water but you also needed to smile". At that moment, the foreigners turned around and returned to their homes

sonreír". En ese momento, los extranjeros dieron media vuelta y regresaron a sus casas muy tristes porque tenían el agua pero no la alegría de vivir. ¿Y qué pasó después, mamá? Sucedió que llegaron otras gentes, de otras partes, para verificar si realmente el agua del pueblo contenía muchos minerales. Entonces, al comprobar que esa información era verdadera, decidieron extraer los minerales de los cerros para fabricar cosas. De esa manera Vilcabamba se quedó sin la esencia de la mucha vida; pero aún retiene la mejor parte, pues atesora la alegría de vivir. Tú, hijita, nunca te olvides de sonreír, sobre todo ahora que vamos a Ecuador; sé que Loja y Vilcabamba te van a gustar; la gente es muy amable, hay cerros verdes, muchos árboles, aves y… mira, hija, mira por la ventana, allá se ve la ciudad, ya vamos a llegar; el avión está por bajar.

3.1 Siempre hay obstáculos que vencer (¡incluso en el paraíso de Maldivas!).There are always obstacles to overcome (even in the paradise of the Maldives!).

very sad because they had the water but not the joy of living. And what happened next, mom? It happened that other people arrived from other places to verify if the town's water really contained many minerals. Then, when they verified that this information was true, they decided to extract the minerals from the hills to make things. In this way Vilcabamba was left without the essence of much life; but it still retains the best part, because it treasures the joy of living. You, my daughter, never forget to smile, especially now that we are going to Ecuador; I know you will like Loja and Vilcabamba; the people are very friendly, there are green hills, many trees, birds and... look, daughter, look out the window, you can see the city, we are about to arrive; the plane is about to get off.

3.2 Don't lose your life! (Maafushi street).
¡No pierdas la vida! (calle de Maafushi).

Desde el cielo hasta el mar

From the sky to the sea

IV

¡Aló! ¡Aló! ¡Aló Akira! ¿Cómo estás? Te llamo para agradecerte nuevamente la gentileza de recibirnos en tu casa y discúlpanos si causamos alguna molestia. ¡Hola Kyo!, no, para nada, no tienes nada que agradecer; más bien, perdóname tú la falta de espacio, ya sabes cómo son los apartamentos aquí en Japón; pero, dime, qué tal el viaje, espero que la hayan pasado bien. Sí, Akira, fue un súper viaje, muy chevere; de verdad ¡te pasaste! ¡Gracias por darme esos datos!; aunque me apenó un poco no poder visitar todos los lugares, la pasamos bien en aquellos que sí pudimos conocer. Como alguien ya me lo había dicho antes, estar en el techo de Japón y ver las nubes por debajo de uno es inolvidable, difícil de imaginar. Realmente este viaje va a ser memorable, porque del cansancio de subir la montaña más alta del país hemos ido hasta el mar de Fujisawa para aplicarnos a la preciosa actividad de no hacer nada; tan sólo deslumbrarnos con la puesta del sol desde el paseo pedestre frente al océano y dejar que la isla de Enoshima nos robe la mirada a ratos para recordar nuestro andar sobre sus escalonadas calles, sus tienditas de recuerdos o puestos de bocadillos típicos a base de calamar. Sin olvidar el jardín botánico construido en 1862 por el comerciante inglés Samuel Cocking o el vistoso faro de metal y vidrio que llega hasta los 101 metros sobre

IV

Hello! Hello! Hello Akira! How are you? I'm calling to thank you again for the kindness of receiving us in your home and we apologize if we caused any inconvenience. Hello Kyo, no, you're welcome, you have nothing to thank; rather, forgive me for the lack of space, you know how the apartments are here in Japan; but, tell me, how was your trip, I hope you had a good time. Yes, Akira, it was a great trip, very cool; you really did it! Thank you for giving me that information; although I was a little sorry for not being able to visit all the places, we had a good time in those we did get to see. As someone told me before, being on the roof of Japan and seeing the clouds below you is unforgettable, hard to imagine. This trip is really going to be memorable, because from the fatigue of climbing the highest mountain in the country we have gone to the sea of Fujisawa to apply ourselves to the precious activity of doing nothing; just dazzle us with the sunset from the pedestrian walk in front of the ocean and let the island of Enoshima steal our gaze at times to remember our walk on its staggered streets, its little souvenir shops or typical squid-based snack stalls. Not forgetting the botanical garden built in 1862 by the English merchant Samuel Cocking or the colorful metal and glass lighthouse that reaches 101 meters above sea level.

el nivel del mar. Y cuando la tacita de café expresso hizo efecto, no quedó más remedio que confundirnos entre los muchos surfistas que al caer la tarde se asemejan a la distancia a lobos marinos en sus dominios. Me pareció increíble que durante todo el trayecto el Fuji siempre nos estuvo acompañando, inclusive cuando llegamos al mar. Ahh, sí, es verdad, incluso dicen que en días despejados se lo puede ver desde el lago Ashi en Hakone ¿Kyo, pudiste llegar a Hakone?, ¿probaste el helado de matcha que mencioné? Por supuesto, cómo me voy a olvidar, nos lo comimos a la orilla del lago Ashi, riquísimo. Hakone es fantástico. No sólo el lago y su tori rojo son el punto de interés, sino también la vegetación que lo rodea completan un cuadro único. Fue una pena que el día estuvo nublado y no pudimos ver el Fuji desde allí. Pero no importó que el astro no brillase, Hakone tuvo mucho más que mostrar como los huevos negros de Owakudani o las esculturas de artistas famosos y las exhibiciones de Picasso en el museo al aire libre, unas verdaderas joyas, ¡Fue genial! ¡Gracias, Akira, por los datos! ¡No tienes nada qué agradecerme!, ¿Y cuándo llegaste a tu casa?, ¿Sin novedad? Bueno, Akira, llegamos ayer pero a decir verdad nuestro regreso a casa demoró más de lo previsto. De Fujisawa a Shinjuku fue rápido pues tomamos el tren express limitado que sólo para en estaciones grandes. Resulta que la línea ferrea en la cual esperábamos para llegar hasta la estación de Nippori se paralizó. Serían como las diez de la noche y sólo se anunciaba

And when the cup of espresso coffee took effect, we had no choice but to mingle among the many surfers who at sunset resemble sea lions in the distance in their domains. I found it incredible that during the whole trip Fuji was always with us, even when we reached the sea. Ahh, yes, it is true, they even say that on clear days you can see it from Ashi Lake in Hakone. Kyo, did you make it to Hakone, did you try the matcha ice cream I mentioned? Of course, how could I forget, we ate it on the shore of Lake Ashi, delicious. Hakone is fantastic. Not only the lake and its red tori are the point of interest, but also the surrounding vegetation completes a unique picture. It was a pity that the day was cloudy and we could not see Fuji from there. But it didn't matter that the star didn't shine, Hakone had much more to show like the black eggs of Owakudani or the sculptures of famous artists and the Picasso exhibits in the open air museum, some real gems, it was great! Thank you, Akira, for the data! You have nothing to thank me for! And when did you get home, no news? Well, Akira, we arrived yesterday but to tell you the truth our return home took longer than expected. From Fujisawa to Shinjuku was quick as we took the limited express train that only stops at big stations. It turned out that the railway line on which we were waiting to get to Nippori station was stopped. It was about ten o'clock at night and only the electronic boards announced that the next train was late. After half an hour, suddenly something unintelligible to me was

por los tableros electrónicos que el próximo tren estaba con retraso. Pasados la media hora, de pronto se escuchó por los altavoces algo ininteligible para mí pero que terminaría con hacer que las personas comenzaran a abandonar el andén. Supongo que explicaron concisamente lo ocurrido pero la verdad fue que yo no entendí nada, absolutamente nada, excepto el postrero "gracias por su comprensión". Como mi amigo Ricardo y yo no entendemos mucho japonés no pudimos saber si había otra forma de llegar a Chiba. Así que repantigados en una de las banquitas que hay dentro de la estación nos pusimos a esperar. Después de otros sesenta minutos llegó un tren, en el cual los pocos que sobramos nos subimos. Una vez dentro del vagón me percaté de unos asientos desocupados y nos sentamos. Entre los presentes noté a una pareja con rasgos occidentales que hablaban, por el acento supongo que proceden de Colombia o Venezuela, sobre un hombre que saltó a los rieles. Como en un juego de ping pong, se decían uno al otro las posibles causas que lo llevaron a tomar dicha decisión. No es la primera vez que escucho sobre este tipo de muerte, pues se está haciendo cosa común. A veces pienso que en este país hay algo que presiona a las personas hasta arrojarlas a la muerte, y que el suicidio no es un asunto meramente cultural. Me es imposible no traer a colación el tema de los huevos negros de Owakudani, pues representa el esfuerzo por alcanzar el ideal, es decir, la intención de conseguir el objetivo sabiendo que no sólo por nuestra

heard over the loudspeakers, but it would end up making people start to leave the platform. I guess they explained concisely what happened but the truth was that I understood nothing, absolutely nothing, except the last "thank you for your understanding". As my friend Ricardo and I do not understand much Japanese we could not find out if there was another way to get to Chiba. So, we sat down in one of the little chairs inside the station and started to wait. After another sixty minutes a train arrived, and the few of us who were left over got on it. Once inside the car I noticed some unoccupied seats and we sat down. Among those present I noticed a couple with western features talking, from the accent I guess they were from Colombia or Venezuela, about a man who jumped on the rails in an act of suicide. As in a ping pong game, they were telling each other the possible causes that led him to make such a decision. It is not the first time I hear about this type of death, as it is becoming commonplace. Sometimes I think that in this country there is something that pressures people to death, and that suicide is not merely a cultural issue. It is impossible for me not to bring up the subject of Owakudani's black eggs, as it represents the effort to reach the ideal, that is, the intention to achieve the goal knowing that it is not only by our own strength that goals are reached. Intention is important and eating the black eggs, they say, extends your life for seven years, but we forget that tomorrow escapes from our hands. I know that life

propia fuerza se alcanzan las metas. La intención es importante y comer los huevos negros, dicen, te alargan la vida por siete años, pero olvidamos que el mañana escapa de nuestras manos. Sé que la vida no es fácil; es como una montaña que a lo lejos parece hermosa pero una vez arriba no lo es tanto. Aún así merece la pena subirla porque también importa la travesía. A veces tornamos nuestra existencia tan complicada como subir el monte Fuji a pesar de tener una inflamación en la rodilla. Esto último lo acabo de experimentar en carne propia. Ascender el monte más alto de Japón fue una de las experiencias que siempre quise vivir desde que llegué a este país; por eso, apenas mi amigo Ricardo mencionó su intención de subirlo, me apunté para acompañarlo; no dudé ni un segundo. El loco que una mañana agarró su bicicleta para ir a trabajar y no paró hasta llegar a Tokyo, a veces, tiene buenas ideas. Ahora comprendes porqué para mí fue todo un reto. Con mucha emoción llegamos a la estación número cinco, casi a la mitad del monte, de donde la mayoría de las personas comienzan el ascenso después de subir con un autobús. El cielo amenazaba con llover; es más, ya lo había hecho por lo mojado que estaba el asfalto; parecía que las nubes sólo nos daban una oportunidad para no desanimar antes de tiempo, para luego volver a llorar de tanta risa. Generalmente recomiendan comenzar un ascenso con el cuerpo aclimatado; algo que nos pareció innecesario. No quisimos perder mucho tiempo paseando dentro del Centro de informa-

is not easy; it is like a mountain that seems beautiful from afar but once up it is not so beautiful. Even so, it is worth climbing it because the journey is also important. Sometimes we make our existence as complicated as climbing Mount Fuji despite having a swollen knee. I have just experienced the latter first hand. Climbing the highest mountain in Japan was one of the experiences I always wanted to live since I arrived in this country; that is why, as soon as my friend Ricardo mentioned his intention to climb it, I signed up to go with him; I did not hesitate for a second. The crazy guy who one morning grabbed his bike to go to work and didn't stop until he got to Tokyo, sometimes, has good ideas. Now you understand why it was such a challenge for me. With much excitement we arrived at station number five, almost halfway up the mountain, from where most people start their ascent after getting on a bus. The sky was threatening to rain; in fact, it had already done so because of the wetness of the asphalt; it seemed that the clouds only gave us a chance not to get discouraged before time, and then to cry again from so much laughter. It is generally recommended to start an ascent with the body acclimatized; something that seemed unnecessary to us. We did not want to waste too much time walking inside the Information Center, building in which we went to the toilets, bought canned air, coffees, donuts, the classic walking sticks and the postcards that we took as a souvenir. From there the asphalt road ends. We begin the

ción, edificación en la cual fuimos a los servicios higiénicos, compramos el aire enlatado, los cafés, las donuts, los clásicos bastones y las postales que trajimos de recuerdo. A partir de allí se acaba el cemento. Comenzamos el recorrido por una trocha poco inclinada, mezcla de grava y tierra; no muchos árboles, que al avanzar se extinguen para dar paso a una reminiscencia vegetal que nos acompañará por un tramo, para luego también desaparecer a medida que subimos. Luego, la senda demarcada irregularmente sobre el terreno se inclina más y la mayor altitud se siente en cada inhalación dificultosa o en los dolores de cabeza y rodillas, síntomas que se acentúan mientras se alcanzan los 3776 metros de la cumbre. Una broma para los expertos acostumbrados a trepar por las montañas más altas del planeta. Para mí, un simple novato en estos asuntos, se asemejó a subir un K2 o un Everest, pues en algún punto del camino tuve que descansar cada dos o tres metros avanzados; es más, estuve a punto de desistir por el fuerte dolor en las rodillas si no fuera por la aparición de un solitario joven, yo lo llamo "ángel", que descendía y al ver mi dificultad me dijo: "¡esfuérzate, sólo faltan 10 metros!". "10 metros" me dije a mí mismo y, sin analizar lo que me habían dicho o quién, proseguí. Obviamente no fueron 10 metros, pero sus palabras me fueron suficientes para poder continuar. Si así de importantes son las palabras dichas por un hombre en el momento adecuado, cuánto más lo serán las dichas por Dios. Ahora estoy pensando en subir el Mont

journey on a slightly inclined trail, a mixture of gravel and dirt; not many trees, which as we advance are extinguished to give way to a reminiscence of vegetation that will accompany us for a stretch, and then also disappear as we climb. Then, the irregularly demarcated path on the terrain becomes steeper and the higher altitude is felt in each difficult inhalation or in the headaches and knee pains, symptoms that are accentuated while reaching the 3776 meters of the summit. A joke for experts used to climbing the highest mountains on the planet. For me, a simple novice in these matters, it was similar to climbing a K2 or an Everest, because at some point along the way I had to rest every two or three meters; indeed, I was about to give up because of the severe pain in my knees if it were not for the appearance of a lonely young man, I call him "angel", who was descending and seeing my difficulty told me: "try hard, there are only 10 meters left! "10 meters" I said to myself and, without analyzing what I had been told or by whom, I continued. Obviously it wasn't 10 meters, but his words were enough for me to continue. If words spoken by a man at the right time are that important, how much more important are words spoken by God. Now I'm thinking about climbing Mont Blanc or Kilimanjaro, hahaha. We were practically the only ones to reach the summit at that time; in the last stretches we did not see anyone climbing; much further down were those mountain refuges located every so often that have a toilet, a

Blanc o el Kilimanjaro, jajaja. Prácticamente fuimos los únicos en alcanzar la cumbre a esa hora; en los últimos tramos no vimos a nadie subiendo; mucho más abajo quedaron esos refugios de montaña ubicados cada cierto trecho que cuentan con inodoro, banquita para descansar, máquina expendedora de bebidas y, en algunos lugares, un dormitorio grupal en donde la gente puede descansar y esperar a que llegue la hora de continuar el ascenso para observar la salida del sol al amanecer, por el "módico" precio de 10 000 yenes. Casi 100 dólares americanos. Ahora, no sé si fue bueno no pernoctar nosotros también en esas cabañas, ya que apesar de no alcanzar la cumbre en las cinco o seis horas calculadas debido a la oscuridad, el cansancio más la altitud, llegaríamos a la cima casi a la medianoche. Ahora que lo pienso, realmente fue de locos haber pasado toda la madrugada a la intemperie, ya que hizo un frío terrible en la cima a pesar de estar en pleno verano. El descenso fue otra historia, menos esfuerzo y tiempo; pero tuvo también sus dificultades, como las resbalabas al pisar el cascajo que hay en la parte alta de la montaña. Afortunadamente no pasó a mayores y estuvimos de vuelta; cansados pero satisfechos por la experiencia. Ver la salida del sol en el horizonte y las nubes debajo nuestro no tiene comparación. Prosiguiendo con el relato de mi regreso a casa, no todo fue malo a pesar de que al llegar a Nippori nos dimos con la sorpresa de que ningún tren llegaba hasta Chiba. Eran pasadas la medianoche, así que decidimos es-

bench to rest, a vending machine for drinks and, in some places, a group dormitory where people can rest and wait until it is time to continue the ascent to watch the sunrise at dawn, for the "modest" price of 10,000 yen. Almost 100 American dollars. Now, I do not know if it would have been good for us to stay overnight in those huts too; although we could not reach the summit in the five or six hours calculated because the darkness, the fatigue plus the altitude, we would reach the summit almost at midnight. Now that I think about it, it was really crazy to have spent the whole morning outdoors, since it was terribly cold on the summit despite being in the middle of summer. The descent was a different story, less effort and time; but it also had its difficulties, like slipping when stepping on the gravel at the top of the mountain. Fortunately it did not happen and we were back; tired but satisfied with the experience. Seeing the sunrise on the horizon and the clouds below us is incomparable. Continuing with the story of my return home, it was not all bad despite the fact that when we arrived in Nippori we were surprised to find that no train was arriving to Chiba. It was after midnight, so we decided to wait for the first one leaving the next day. Little by little the station became empty until there were only three people left: us and someone else. The guy turned out to be a Bolivian tourist who had also been stranded there and, seeing us alone, decided to chat. Our conversation was so pleasant that the time flew by. We started

perar al primero que saliera al día siguiente. De a poco la estación se fue quedando vacía hasta quedar sólo tres personas: nosotros y alguien más. El tipo resultó ser un turista boliviano que también se había quedado varado por ahí y que, al vernos solos, decidió conversar. Fue tan amena nuestra conversación que el tiempo pasó volando. Empezamos nuestra charla con un hola, qué tal, hace frío, estamos fregados ¿no?, con algo de timidez por ambas partes, pero luego nos sentimos en confianza y entramos a los detalles. Nos contó que vive desde algunos años en México, en la capital; que trabaja en una empresa de cosméticos. Cuando le dije que yo era peruano, me dijo que él ya había estado en Lima por cuestiones de trabajo. Recuerda de su visita la sencillez de la gente humilde, tomarse un emoliente en la esquina de su hotel y comerse unas salchipapas por la noche. Me dijo que, ahora que el Perú está creciendo, espera que la gente siga igual; porque la sencillez y la humildad atraen a las personas. Su nombre es Carlos. Contó que tiene una hermana idéntica que se dedica a grabar vídeos, los cuales pueden ser vistos en un sitio web, lo que eso signifique, llamado llutub o algo así y que reside en los Estados Unidos. Hablamos de su visita a Japón; dijo estar de vacaciones; por lo cual indagué sobre su nipónica elección, sabiendo la multitud de lugares interesantes que se puede encontrar "a tiro de piedra" en el resto de Norte o Centroamérica. Playas e islas; paisajes urbanos, montañosos o desérticos. Dejó en claro que ese

our chat with a hello, how are you, it's cold, we're screwed, aren't we, with some shyness on both sides, but then we felt confident and got into the details. He told us that he has been living in Mexico for some years, in the capital city; that he works in a cosmetics company. When I told him that I was Peruvian, he told me that he had already been in Lima for work. He remembers from his visit the simplicity of the humble people, drinking an emollient in the corner of his hotel and eating some salchipapas in the evening. He told me that, now that Peru is growing, he expects people to stay the same; because simplicity and humility attract people. His name is Carlos. He told me that he has an identical sister who is dedicated to recording videos, which can be seen on a website, whatever that means, called llutub or something like that and that she resides in the United States. He told us about his visit to Japan; he said he was on vacation; so I inquired about his Japanese choice, knowing the multitude of interesting places that can be found "a stone's throw away" in the rest of North or Central America. Beaches and islands; urban, mountainous or desert landscapes. He made it clear that this range of possibilities was not unknown to him, any more than it is to the thousands of Japanese who cross the ocean to lay their bodies on pristine hotel sheets in Las Vegas on their way back from the Grand Canyon or in New York after a busy day of shopping. Because if there's one thing the Japanese like to do, it's shop. And tipping generously. Or

abanico de posibilidades no le era ignoto, como tampoco lo es para los miles de japoneses que cruzan el océano para recostar sus cuerpos sobre impolutas sábanas de un hotel en Las Vegas de regreso del Grand Canyon o en Nueva York luego de un atareado día de compras. Porque si hay algo que le gustan a los nipones es comprar. Y dejar generosas propinas. O tal vez instalarse en los resorts todo incluido a pie de playa en alguna isla del caribe, intentando obtener lo mismo que un gringo tumbado fuera de una de las rústicas cabañas construidas de maderas y cañas frente al mar costarricense en busca de "pura vida". Comentó que su elección se debe a un, llamémosle casual o circunstancial, encuentro entre su hermana menor y otra joven que dejó una semilla de interés en venir a Japón. Su viaje, como todo viaje, nació de una expectativa o esperanza de encontrar aquello ausente en su lugar de origen. Creyó encontrar cierta similitud en las culturas oriundas desde México hasta el norte argentino, lo cual no hallaría en el país del sol naciente. Sobre las diferencias culturales entre México y Bolivia, mencionó el asunto de la comida, como sus añorados filetes de llama o el medio cuy frito sobre rodajas de papa sancochada y ensalada; la música; en cambio notó similitud en el color de piel de la muchedumbre de indígenas que recorren, con los mismos pesares, los suburbios en los cuales viven. Y hablando de malos tiempos, ya se me hace tarde para ir a trabajar; así que, Akira, era eso lo que quería decirte. Muchas gracias por todo. Lamento

perhaps settling down in the all-inclusive beach-front resorts on some Caribbean island, trying to get the same as a gringo lying outside one of the rustic huts built of wood and reeds facing the Costa Rican sea in search of "pura vida" (pure life). He said that his choice was due to a, let's call it casual or circumstantial, encounter between his younger sister and another young woman that left a seed of interest in coming to Japan. Her trip, like all trips, was born out of an expectation or hope to find that which was absent in her place of origin. He thought he would find a certain similarity in the native cultures from Mexico to the north of Argentina, which he would not find in the country of the rising sun. About the cultural differences between Mexico and Bolivia, he mentioned the matter of food, such as his longed-for llama steaks or the fried half guinea pig on slices of boiled potato and salad; the music; on the other hand, he noticed similarity in the skin color of the indigenous people who walk, with the same sorrows, the suburbs in which they live. And speaking of bad times, I'm already late for work; so, Akira, that's what I wanted to tell you. Thank you very much for everything. I'm sorry that that tremor caused the train services to Shizuoka to stop and, being close to Fujisawa, we had no choice but to go and inconvenience them. Thank Isabel for all the attention. Remind her that, when Ana and Nury return next week, we will be in touch for them to visit us. It would be great to have them at home. A hug, take care, Akira,

que ese temblor haya hecho que los servicios de tren hacia Shizuoka se hayan paralizado y, al estar cerca de Fujisawa, no hayamos tenido otra opción más que ir a incomodarlos. Dale las gracias a Isabel por toda la atención. Recuérdale que, cuando regresen Ana y Nury la próxima semana, nos ponemos en contacto para que nos visiten. Sería genial tenerlos en casa. Un abrazo, cuídate, Akira, chau. Chau.

4.1 El mundo ¡puro simbolismo! (monte Fuji desde Fujisawa).
The world, pure symbolism! (Mount Fuji from Fujisawa).

bye. Bye.

4.2 Never lose your head! (Hakone open-air
museum).
¡Nunca pierdas la cabeza! (museo al aire libre de
Hakone).

Contacto en Barajas

Contact at Barajas

V

Disculpa, ¿Esta es la fila para el counter de clase económica de Pacific C, verdad? Ehh…sí, creo que sí es esta. Ahh, gracias, no sabía si era esta o la de al lado; hay tanta gente aquí que no se sabe cuál es cuál, parece una procesión; tres filas hartas de gente, una junto a otra; supongo que la fila más corta es para clase business o algo así. Ehh…sí es verdad, hay mucha gente. Gracias por el dato, pero una pregunta más: ¿sabes si se necesita visa para hacer stopover en Hong Kong? Ehh…bueno, que yo sepa creo que no; según lo que he leído y escuchado sólo la necesitas si tu estadía sobrepasa los siete días o si deseas ir a la China continental. En ese caso, sí es necesario tramitar una visa con antelación. Pero para los casos de estadías cortas, escalas técnicas o conexiones no se necesita visa. Ohh, ya veo; la próxima vez que haga transbordo en HK voy a darme un salto por sus calles, mercadillos, un paseo en barco por la bahía o hacer una caminata por el famoso sendero del dragón. Por todas las cosas que he escuchado, creo que es un destino interesante a pesar de ser una de las ciudades más caras de China; además, hay que ser eficientes en el uso del combustible por el tema del cuidado medioambiental y aprovechar cualquier tipo de viaje para poder conocer o experimentar nuevas cosas, ¿no crees tú? Sí, creo que tienes

V

Excuse me. This is the queue for the Pacific C. economy class cashier, isn't it? Ehh...yes, I think it is. Ahh, thanks, I didn't know if it was this one or the one next to it; there are so many people here that you don't know which is which, it looks like a procession; three rows full of people, one next to the other; I guess the shortest row is for business class or something like that. Ehh...yes it's true, there are a lot of people. Thanks for the tip, but one more question: do you know if you need a visa to stopover in Hong Kong? Ehh...well, as far as I know I think not; according to what I have read and heard you only need it if your stay exceeds seven days or if you want to go to mainland China. In that case, you do need to apply for a visa in advance. But for short stays, technical stopovers or connections you don't need a visa. Ohh, I see; next time I transfer in HK I'm going to take a hop through its streets, street markets, a boat ride on the bay or hike the famous dragon trail. From all the things I've heard, I think it's an interesting destination despite being one of the most expensive cities in China; besides, you have to be efficient in the use of fuel because of the environmental care issue and take advantage of any kind of trip to be able to know or experience new things, don't you think? Yes, I think you are right. To be responsible

razón. Para ser responsables con nuestra huella de carbono y no dejar de tener esa experiencia única, cada viaje debería ser multipropósitos. Y tú ¿viajas a menudo? ¿mochilero o turista? Para nosotras, por cuestiones de seguridad e higiene, no es tan sencillo viajar. Supongo que para ustedes, los hombres, es más fácil ¿verdad? Bueno, me gusta viajar pero últimamente no lo he podido hacer por falta de recursos. Yo no sé porqué las mujeres piensan que la vida de los hombres es más fácil que la vida de ustedes; creo que incluso nuestra existencia puede ser más difícil que la vida de una mujer, ya que no imaginan lo malo que puede ser el trato de un hombre con otro hombre, pero…discúlpame, a veces me es imposible no divagar; estabas hablando de viajar, y creo que sí, es menos difícil para nosotros; pero dime ¿vas de turista a Hong Kong? No, no me voy a quedar en Hong Kong, sólo haré conexión, ¿y tú? Yo tampoco, también haré escala, ¿eres española? Uhhmm…no, no lo soy; soy de Ecuador. Ohh, interesante; noté que tu entonación es distinta, pero como España es plurilingüe supuse que podrías ser de aquí, por eso pregunté. ¿De Quito? No, soy del sur. ¿Guayaquil? No, casi cerca, de Loja, pero sí conozco Guayaquil. He ido un par de veces con mi familia, a comprar y visitar algún pariente. ¿De dónde eres? Yo soy de Lima, como la mayoría de expatriados peruanos que encuentras por ahí, pero hace tiempo que vivo afuera. Vine a España a pasar mis muy cortas vacaciones. A pesar de ser algo caro, este país tiene mil destinos que merecen la

with our carbon footprint and not miss that unique experience, every trip should be multipurpose. And you, do you travel often, backpacker or tourist? For us, due to safety and hygiene issues, it's not so easy to travel. I guess for you men it's easier, right? Well, I like to travel but lately I haven't been able to do it due to lack of resources. I don't know why women think that men's life is easier than your life; I think that even our existence can be more difficult than a woman's life, since you can't imagine how bad it can be for a man to deal with another man, but... excuse me, sometimes it's impossible for me not to ramble; you were talking about traveling, and I think that yes, it is less difficult for us; but tell me, are you going as a tourist to Hong Kong? No, I'm not staying in Hong Kong, I'm just making a connection, are you? Me neither, I will also make a stopover, are you Spanish? Uhhmm...no, I am not; I am from Ecuador. Ohh, interesting; I noticed that your intonation is different, but since Spain is multilingual I assumed you might be from here, that's why I asked. From Quito? No, I'm from the south. Guayaquil? No, almost nearby, from Loja, but I do know Guayaquil. I've been there a couple of times with my family, shopping and visiting relatives. Where are you from? I'm from Lima, like most Peruvian expats you find out there, but I've been living abroad for a long time. I came to Spain to spend my very short vacation. Despite being somewhat expensive, this country has a thousand destinations that are worth visiting. Unfortunately I was

pena conocer. Lamentablemente sólo estuve en Madrid y no pude ir a los lugares que tenía previsto visitar. ¿Vives en Ecuador o en España? Ehh…no, yo también vivo afuera; sólo vine a visitar a mi hermana. Como a toda hora se escucha las famosas predicciones de que el próximo año se acaba el mundo, lo tomé como pretexto para estar un tiempito con ella, jajaja. La verdad, creo que cualquier día puede ser el fin del mundo para cualquiera. Por eso me es importante estar en paz con uno mismo, con los demás y con Dios. Yo también creo que España, y Europa en general, es un poco cara; por eso nos fuimos las dos a Marruecos; ya sabes, está atravezando el charco, muy cerca. Aunque en un comienzo estuvimos indecisas entre elegir el gran desierto o Portugal, finalmente nos inclinamos por el cuscús, tajine, té de menta, kasbahs, jugo de naranja, medinas, más té de menta, camellos, sol, pero sobre todo gente amable. Creímos que la cultura lusa es similar a la española, por este motivo enrumbamos hacia el norte de Africa. Sí creíamos conocer a los árabes a través de su impronta en la península, pisando el suelo marroquí nos dimos cuenta que hay mucho más por descubrir. Así que usando el mismo principio, mi hermana y yo hemos decidido ir a Portugal la próxima vez. Seguro que hay muchos secretos que descubrir en Lusitania. Pero nosotras en busca de más arena partimos del litoral atlántico en Esauira, antigua Mogador, hacia el Sahara en Merzouga. Pasando por Marrakech y Ouarzazate, nos enteramos que aproximadamente

only in Madrid and could not go to the places I had planned to visit. Do you live in Ecuador or in Spain? Ehh...no, I also live abroad; I only came to visit my sister. Since we hear the famous predictions that next year the world will end, I took it as a pretext to spend some time with her, hahaha. The truth is, I believe that any day could be the end of the world for anyone. That is why it is important for me to be at peace with myself, with others and with God. I also think that Spain, and Europe in general, is a bit expensive; that's why we both went to Morocco; you know, it's across the pond, very close. Although we were initially undecided between choosing the great desert or Portugal, we finally went for couscous, tajine, mint tea, kasbahs, orange juice, medinas, more mint tea, camels, sun, but most of all friendly people. We believed that the Portuguese culture is similar to the Spanish, so we headed to North Africa. If we thought we knew the Arabs through their imprint on the peninsula, stepping on Moroccan soil we realized that there is much more to discover. So using the same principle, my sister and I have decided to go to Portugal next time. For sure there are many secrets to discover in Lusitania. But we, in search of more sand, set off from the Atlantic coast in Essaouira, formerly Mogador, towards the Sahara in Merzouga. Passing through Marrakech and Ouarzazate, we learned that only about 20% of the Sahara is sand; most of it is dirt and stone. And the best part was that despite being an extremely interesting destina-

sólo el 20% del Sahara es arena; la mayor parte es tierra y piedra. Y lo mejor fue que a pesar de ser un destino sumamente interesante es menos caro que Europa. ¿Conoces el Sahara o Marruecos? No, todavía no, pero me gustaría ir algún día; escuchándote hablar con tanto entusiasmo me anima a ir. Ve, te va a encantar. Luego de este viaje, me he dado cuenta que los desiertos tienen su propio encanto a pesar del concepto de desolación, abandono o soledad que podamos tener de un desierto. En cierto modo es verdad, pero justamente ese sentimiento te invita a la reflexión, a la contemplación de todo lo que te rodea con el propósito de volver a la ciudad distinto. Sinceramente, este sería el gran fruto de un desierto. En el sur del Perú tenemos el desierto de Ica, ubicado dentro de otro desierto mayor como es la franja litoral peruana. Nunca había escuchado hablar de Ica. Algunos dicen que formaría parte del gran desierto de Atacama. ¡Wow! debe ser fantástico conocer el Atacama, es famoso; he leído en los libros que es la zona más árida del planeta ¿conoces Atacama? ¿en dónde vives? No, todavía no conozco Chile, pero algún día será. Yo vivo en Japón, ¿y tú, amiga? ¿en China? Yo también vivo en Japón, en Chiba, ¿Conoces Chiba? Sólo conozco Disney y el aeropuerto de Narita. Yo vivo en Nagano, cerca de Kamikochi ¿has estado allí? No, nunca ¿cómo es? Kamikochi es una área dentro del parque nacional Chubu-Sangaku, en la prefectura de Nagano. Declarada reserva paisajistica, este monumento de la naturaleza está rodeada por las cum-

tion it is less expensive than Europe. Do you know the Sahara or Morocco? No, not yet, but I would like to go there someday; hearing you talk so enthusiastically encourages me to go. Go, you will love it. After this trip, I have realized that deserts have their own charm despite the concept of desolation, abandonment or loneliness that we may have of a desert. In a way it is true, but precisely that feeling invites you to reflection, to the contemplation of everything around you with the purpose of returning to the city different. Honestly, this would be the great fruit of a desert. In the south of Peru we have the desert of Ica, located within another larger desert such as the Peruvian coastal strip. I had never heard of Ica. Some say that it would be part of the great Atacama desert. Wow! it must be fantastic to know the Atacama, it is famous; I have read in books that it is the most arid area of the planet, do you know Atacama? where do you live? No, I don't know Chile yet, but someday it will be. I live in Japan, and you, my friend? in China? I also live in Japan, in Chiba, do you know Chiba? I only know Disney and Narita airport. I live in Nagano, near Kamikochi, have you been there? No, never, how is it? Kamikochi is an area within the Chubu-Sangaku national park, in Nagano prefecture. Declared a landscape reserve, this monument of nature is surrounded by the peaks of the Hakota mountain range and crossed by the turquoise waters of the Azusa River. It is a reference point for hiking enthusiasts. Unparalleled in early autumn

bres de la cordillera Hakota y atravesada por las turquesas aguas del río Azusa. Es un punto de referencia para los amantes del senderismo. Inigualable a comienzos del otoño cuando las hojas de los arces y otras especies de árboles cambian de color y todo el paisaje se tiñe de rojos, marrones, ocres, amarillos y verdes. Personalmente es el lugar más bonito de Japón. ¿Tienes descendencia japonesa o sólo ecuatoriana? Sí, mis abuelos llegaron a Ecuador cuando mi madre era aún adolescente. No sabía que en Ecuador también había descendientes; es decir, sé que los japoneses fueron a varios países de sudamerica pero nunca había oído sobre nikkeis ecuatorianos. Sí, bueno, somos pocos en comparación a otros países, pero sí, allí estamos. En realidad mis abuelos llegaron primero a Colombia, a trabajar la tierra, pero cuando estalló la segunda guerra mundial tuvieron que abandonar su casa y todas sus cosas en el valle del Cauca, debido a la represión contra las personas ligadas a los rivales de los norteamericanos. Por lo contado por mis abuelos, fue muy penoso la situación vivido por muchas familias. A los días de iniciado la guerra, el gobierno colombiano comenzó una política de represión progresiva contra japoneses, italianos y alemanes. Comenzaron con restringir el libre tránsito y exigir el tramite de salvoconductos. Muchos vieron confiscados sus bienes o fueron deportados a Estados Unidos. Desde un inicio algunas personas se contagiaron de ese espíritu y escribían en las paredes de las casas de los nikkeis mensajes xenófobos como

when the leaves of maples and other tree species change color and the whole landscape is tinged with reds, browns, ochers, yellows and greens. Personally it is the most beautiful place in Japan. Are you of Japanese descent or just Ecuadorian? Yes, my grandparents came to Ecuador when my mother was still a teenager. I didn't know that in Ecuador there were also descendants; that is, I know that the Japanese went to several South American countries but I had never heard about Ecuadorian Nikkei. Yes, well, we are few in comparison to other countries, but yes, we are there. Actually my grandparents came first to Colombia, to work the land, but when the second world war broke out they had to leave their house and all their things in the Cauca Valley, due to the repression against people linked to the rivals of the Americans. From what my grandparents told me, the situation experienced by many families was very painful. A few days after the war started, the Colombian government began a policy of progressive repression against Japanese, Italians and Germans. They began restricting free transit and requiring the processing of safe-conducts. Many had their property confiscated or were deported to the United States. From the beginning, some people caught the spirit and wrote xenophobic messages on the walls of Nikkei homes, such as "get the hell out of here" or something similar. One night, while my maternal grandparents and their children were sleeping, someone threw a rock at the window of

"lárguense de aquí" o algo parecido. Una noche, mientras mis abuelos maternos y sus hijos estaban durmiendo, alguien lanzó una piedra a la ventana de la casa y la hizo trizas. ¡Imagínate el susto! Al día siguiente mis abuelos tomaron un poco de ropa, dinero, comida, semillas, algunas herramientas y se dirigieron hacia el sur, a perderse entre cerros y selva hasta que la situación termine. Seis años después estaban en Ecuador. A pesar de la desdicha y la dificultad de la travesía, veo un atributo muy interesante y valiosísimo en mis abuelos: la capacidad de sobrevivencia o autosuficiencia. En medio de las montañas, tener que armar una carpa, hacer sus necesidades en un balde para luego secarlas y usarlas como abono para los árboles que les servían para algo o recoger agua del cielo me parece algo preciado. Cultivaron verduras y pescaban; aprendieron a comer ranas y grillos para poder sobrevivir. En cierta ocasión, al cruzar un riachuelo en la selva, tuvieron contacto con un grupo de indígenas que migraban, los cuales les permitieron convivir con ellos por unos días. "Inicialmente fue susto, pero luego divertido; mi madre lavaba ropa, mi padre y mis hermanos pescaban; yo encendía la leña cuando los nativos salieron de la oscuridad del bosque en la ribera opuesta. Al ver nuestros ojos rasgados o la simpleza de nuestros desgastados atuendos, creyeron que éramos de alguna otra tribu. Entonces decidieron cruzar", dijo mi madre. "Nos enseñaron a plantar la yuca y elaborar masato", agregó. Esto me recuerda al dicho: "la pobreza del

the house and shattered it. Imagine the shock! The next day my grandparents took some clothes, money, food, seeds, some tools and headed south, to get lost in the hills and jungle until the situation ended. Six years later they were in Ecuador. Despite the misfortune and difficulty of the journey, I see a very interesting and valuable attribute in my grandparents: the ability to survive or self-sufficiency. In the middle of the mountains, having to pitch a tent, do their business in a bucket and then dry it and use it as fertilizer for the trees that served them for something or collect water from the sky seems to me something precious. They grew vegetables and fished; they learned to eat frogs and crickets in order to survive. Once, while crossing a stream in the jungle, they came in contact with a group of indigenous migrants, who allowed them to live with them for a few days. "Initially it was frightening, but then fun; my mother was washing clothes, my father and brothers were fishing; I was lighting firewood when the natives came out of the darkness of the forest on the opposite bank. Seeing our slanting eyes or the simplicity of our shabby attire, they thought we were from some other tribe. So they decided to cross over," my mother said. "They taught us how to plant yucca (cassava) and make masato," she added. This reminds me of the saying, "the poverty of the countryside does not compare to the misery of the city" and the sentiment present in the beings surrounding a barbecue. Cuts of meats and vegetables cooked on a metal

campo no se compara con la miseria de la ciudad"
y al sentimiento presente en los seres que rodean
una barbacoa. Cortes de carnes y verduras cocidas
sobre una plancha de metal como una impronta o
añoranza inherente de tiempos primigenios en los
cuales el ígneo resplandor de ramas secas era asunto
de todos los días. Espero que la historia de mi familia no te haya aburrido, yo también suelo divagar.
¡No!, para nada, me pareció interesante, especial-
mente los postreros detalles, pues una mayor dependencia de la tecnología puede forzar una sepa-
ración de la naturaleza o los rudimentos de
supervivencia; así que gracias por compartir tu historia conmigo. Gracias a ti por escucharme, y…
¿Por qué me preguntaste si vivía en China? Bueno…
porque este vuelo va para Hong Kong, China, y
pensé que vivías allá. Ah, sí; ahora ya sabes que vivo
en Japón. Y me parece que iremos en el mismo
vuelo hasta allá.

5.1 Cordero, plato típico de Marruecos.
   Lamb, a typical Moroccan dish.

griddle as an inherent imprint or longing for primordial times when the igneous glow of dry branches was an everyday affair. I hope my family's story didn't bore you, I tend to ramble too. No, not at all, I found it interesting, especially the last details, as a greater reliance on technology can force a separation from nature or the rudiments of survival; so thank you for sharing your story with me. Thanks to you for listening, and...why did you ask me if I lived in China? Well...because this flight is going to Hong Kong, China, and I thought you lived there. Ah, yes; now you know I live in Japan. And I think we'll be on the same flight there.

5.2 Where your treasure is, there will be your heart (Hong Kong's Chek Lap Kok airport).

Donde está tu tesoro estará tu corazón (aeropuerto Chek Lap Kok de Hong Kong).

Carlos

VI

¡Aló!... ¿Mamá?...¡mamá! ¿Cómo estás?... ¡qué bueno!... ¿dónde?...¿Sepelio de quién?...¡Huy qué pena! no, a la tía de la amiga de Clara no la conocí personalmente ¿desde cuándo estuvo enferma?... ¿y en esos doce días sólo tú la acompañaste?... ahh, sí; recuerdo que Clara comentó sobre ella, la chica que conoció en un bus; si no me equivoco iban juntas hacia la frontera, en donde cada cual siguió su propio trayecto. ¡Una pena!, pero... mamá, te cuento que estoy en Japón, de vacaciones...¿Por qué elegí este país? Resulta que un día, mientras trabajaba, en uno de esos raros lapsos de lucidez en los cuales te acuerdas que trabajas para vivir, me acordé de Clara diciéndome que conoció a una chica en el terminal de autobuses que venía para Japón; entonces tuve curiosidad por la cultura, costumbres y paisajes de este país. Así que, como ya tenía presupuestado para mis vacaciones, decidí venir. Creo que las posibilidades hay que aprovecharlas, y mejor si ocurren en la juventud o soltería. Clara conoció aquella chica peruana como diez años atrás, antes de casarse con Pedro. ¿Te acuerdas cómo se conocieron, verdad?...claro, claro, ...en Lima, cuando Clara fue a visitarme. Entonces, recordé la anécdota de mi hermana y me vine para Japón; aquí se llama Nihon. ¿Sabes lo que pasó, mamá? El primer día, al llegar al hotel, entré al sa-

VI

Hello! Mom?...Mom! How are you?... How good!... Where?...Whose funeral?...What a pity! No, I didn't know Clara's friend's aunt personally, since when was she sick?.... and in those twelve days only you accompanied her?...ahh, yes; I remember that Clara commented about her, the girl she met in a bus; if I'm not mistaken they were going together towards the border, where each one followed their own way. A pity, but... mom, I tell you that I'm in Japan, on vacations...Why did I choose this country? It turns out that one day, while I was working, in one of those rare lapses of lucidity in which you remember that you work for a living, I remembered Clara telling me that she met a girl in the bus terminal who was coming to Japan; then I was curious about the culture, customs and landscapes of this country. So, as I had already budgeted for my vacations, I decided to come. I believe that you have to take advantage of the possibilities, and better if they happen when you are young or single. Clara met that Peruvian girl about ten years ago, before she married Pedro. You remember how they met, don't you?...sure, sure, ...in Lima, when Clara went to visit me. Then, I remembered my sister's story and I came to Japan; here it is called Nihon. Do you know what happened, mom? The first day, when I arrived at the hotel, I went into the toilet, but as

nitario, pero como no había un depósito para el papel higiénico no supe qué hacer con él; así que para no atascar el inodoro, lo arrojé por la ventana que daba a la calle. Ocasionalmente me imagino la lluvia de papel con caca cayendo sobre la gente que transitaba. Aquí en Japón el papel higiénico se va por el inodoro y yo no lo sabía jajaja. A veces hay ciertos detalles que desconoce la gente antes de viajar...¿qué? ¿qué otra cosa interesante pasó por aquí? Bueno, me fui a comer sushis, sashimi, yakisoba, yakitori, takoyaki...¿qué es takoyaki?...son bolitas de harina y pulpo condimentados,...espera ¿qué dijiste?...¡que rico! ¡claro que me gusta el ceviche peruano!...¡qué coincidencia!, yo también acabo de conocer a otra familia de descendientes, una pareja y su niña; los conocí mientras hacía el tramo Magome-Tsumago del Nakasendo. Antiguamente había una ruta que unía las ciudades de Kioto y Tokio que... ¿cómo se llama? pues todo el trayecto se llama Nakasendo; pero hoy en día sólo existen ciertos tramos abiertos al público, como el sendero de 7 kilómetros que unen las dos villas enclavadas entre las montañas boscosas de las prefecturas de Gifu y Nagano, en el cual se puede observar casitas típicas esparcidas por el camino; arrozales, algunos criaderos de peces,...ahh, sí; al llegar a la villa de Magome compré el Takoyaki, ellos me vieron y se acercaron. En realidad yo había conocido al papá en Tokyo, en una estación de trenes; fue el día en el cual regresaba de visitar al misionero cristiano John, de Kansas, que conocí en

there was no toilet paper deposit, I didn't know what to do with it; so, in order not to clog the toilet, I threw it out of the window facing the street. Occasionally I imagine the shower of poopy paper falling on people passing by. Here in Japan toilet paper goes down the toilet and I didn't know it hahaha. Sometimes there are certain details that people don't know before traveling...what? what else interesting happened here? Well, I went to eat sushi, sashimi, yakisoba, yakitori, takoyaki...what is takoyaki?...they are little balls of flour and octopus seasoned,...wait what did you say?...yummy! of course I like Peruvian ceviche!...what a coincidence, I also just met another family of descendants, a couple and their little girl; I met them while doing the Magome-Tsumago section of the Nakasendo. In the old days there was a route linking the cities of Kyoto and Tokyo that... what is it called? Well, the whole route is called Nakasendo; but nowadays there are only certain sections open to the public, such as the 7-kilometer trail linking the two villages nestled between the forested mountains of Gifu and Nagano prefectures, in which you can see typical houses scattered along the way; rice fields, some fish farms,... ahh, yes; when I arrived at the village of Magome I bought the Takoyaki, they saw me and approached me. Actually I had met the father in Tokyo, in a train station; it was the day I was returning from visiting the Christian missionary John, from Kansas, whom I met in Mexico and who has been living in Japan for some months. His name is

México y que desde algunos meses vive en Japón. El papá se llama Kyo y reside desde un par de años en Chiba, prefectura al este de Tokyo. Cuando lo conocí le conté de mis planes de hacer senderismo y él me sugirió esta ruta, incluso se ofreció a acompañarme, pero finalmente desistió porque iba a ser muy fatigoso para su pequeña hija. Pero sí quedamos en encontrarnos en Magome, para luego ir a la cascada de Goho, en Yaotsu, prefectura de Gifu. Supe que aquel lugar era muy especial para la pareja, porque allí decidieron formalizar su relación y dejar de ser sólo amigos. Así que me pidieron que les tomara una foto para recordar en el futuro la niñez de su hija y…¿cómo se llama la niña? no recuerdo bien su nombre, creo que Ana; pero para mí será la niña del vestido rosado,…cuatro años…¿si los conocí? claro, un poco; luego de la foto fuimos a comer algo, de nuevo, jaja. Mientras almorzábamos, les conté de mi travesía para llegar a México desde Bolivia; comenzando por mi aprendizaje de inglés, meses antes de culminar la universidad, con la finalidad de ir a los Estados Unidos apenas obtenga el título de la carrera. Luego, mis recorridos por las grises calles del centro paceño, en busca de un pasaporte mexicano con el cual ingresar a suelo Azteca por carretera, a travez del norte guatemalteco, al cual habría de llegar vía aérea desde Perú, previas conexiones en Bogotá y Panamá. En una época donde casi todo se escribía a mano o a máquina de escribir, la tamaña desigualdad social permitía que unos billetes de 50 dó-

Kyo and he has been living for a couple of years in Chiba, a prefecture east of Tokyo. When I met him I told him about my plans to hike and he suggested this route, he even offered to accompany me, but finally he gave up because it would be too tiring for his little daughter. But we did agree to meet in Magome, and then go to the Goho waterfall in Yaotsu, Gifu prefecture. I knew that that place was very special for the couple, because there they decided to formalize their relationship and stop being just friends. So they asked me to take a picture of them to remember their daughter's childhood in the future and...what is the girl's name? I don't remember her name well, I think Ana; but for me she will be the girl with the pink dress,...four years old...did I know them? of course, a little bit; after the picture we went to eat something, again, haha. While we were having lunch, I told them about my journey to get to Mexico from Bolivia; starting with learning English, months before finishing college, with the purpose of going to the United States as soon as I get my degree. Then, my travels through the gray streets of downtown La Paz, in search of a Mexican passport with which to enter Aztec soil by road, through northern Guatemala, which would arrive by air from Peru, after connections in Bogotá and Panama. At a time when almost everything was written by hand or typewriter, the huge social inequality allowed that a few 50 dollar bills, between the pages of the passport, could not only open the doors of a border, but even buy the life

lares, entre las páginas del pasaporte, podían no sólo abrir las puertas de una frontera, sino hasta comprar la vida de un hombre. Pero la vida siempre da una segunda oportunidad para hacer lo bueno. Llegando a la capital mexicana, una tarde nublada de un domingo, buscando un alojamiento de mala muerte que permita el descanso para mi maltrecha espalda por el viaje en autobús de casi una jornada desde un paso fronterizo deshabitado, llegué hasta las puertas de una iglesia evangélica, que despachaba a los últimos creyentes al término de una reunión. Luego supe que sus reuniones, en donde cantan y leen la palabra de Dios en busca del conocimiento de lo verdadero o trascendental, se llaman "Cultos de adoración" o simplemente "Cultos". Lo importante fue que pedí el baño de la Iglesia para hacer lo que generalmente se hace en un servicio higiénico, y aprovechar para asearme. A esas alturas del viaje, tuve la sensación de ser un profesional del aseo corporal con sólo una botella de medio litro de agua y una pequeña toalla algo mayor que un pañuelo para soplarse los mocos. Luego del correspondiente aseo, que no duró ni cinco minutos, al despedirme y agradecer la gentileza a las dos mujeres que portaban una credencial colgada al cuello donde figuraba la palabra "Ujier", aproveché para preguntar si podían agenciarme el hospedaje de una noche. Una de ellas desapareció y volvió junto a un hombre alto, de mediana edad, al parecer el líder espiritual, al cual llamaban de "Pastor John". Un hombre de casi dos metros de alto, ojos negros

of a man. But life always gives a second chance to do good. Arriving in the Mexican capital, on a cloudy Sunday afternoon, looking for a shabby lodging that would allow rest for my battered back from the almost day-long bus ride from an uninhabited border crossing, I arrived at the doors of an evangelical church, which was dismissing the last believers at the end of a meeting. I later learned that their meetings, where they sing and read the word of God in search of knowledge of the true or transcendental, are called "worship services". The important thing was that I asked for the bathroom of the Church to do what is usually done in a restroom, and take the opportunity to wash myself. At that point in the trip, I had the feeling of being a professional groomer with only a half-liter bottle of water and a small towel slightly larger than a handkerchief to blow the boogers. After the corresponding grooming, which did not even last five minutes, when I said goodbye and thanked the two women who wore a badge around their necks with the word "Usher" on it for their kindness, I took the opportunity to ask if they could arrange lodging for me for one night. One of them disappeared and returned with a tall, middle-aged man, apparently the spiritual leader, who was called "Pastor John". A man almost six feet tall, black-eyed but with a fair complexion, he kindly made me understand, in perfect Spanish, that it was impossible to offer me a place to spend the night inside the church, but he offered to buy me a meal and then I

pero de tés blanca, me hizo entender amablemente, en un perfecto español, que era imposible ofrecerme un lugar donde pasar la noche dentro de la iglesia, pero se ofreció a costearme una comida para luego seguir mi camino. Una cena gratis no se rehusa. A una calle de distancia, en un pequeño local de botanas, un bistró, el señor John se sentó a mi lado en la barra, a disfrutar de unas morcillas cocidas en salsa roja que rellenaban las tortillas de maíz azul hecho en casa, puestas sobre un pequeño canasto. Durante casi dos horas escuchó mi travesía desde La Paz; mis sueños, anhelos. Al final de la noche, luego de un par de llamadas telefónicas hechas por John, me encontré con las piernas semi estiradas en el asiento trasero de un auto Volkswagen Kombi. Antes de abrirme las puertas de su auto, me dijo: "el sueño americano puede ser sólo eso, un sueño del cual necesitas despertar". Fue la primera vez que alguien me habló de un propósito de vida, de la efímera temporalidad de la forma en la materia, pues dura lo mismo que un sueño; "despertar" como símbolo de rechazo a una voluntad comprada por el mercado. Hasta conciliar el sueño, tuve tiempo de pensar sobre todo aquello; también la ruta a seguir hasta Reynosa, para atravesar el traicionero río Bravo; los contactos en los Estados Unidos; mis planes para el futuro. A la mañana siguiente, durante el desayuno americano, conocí a su esposa Rachel; una mujer alta, no tanto como él, delgada, de unos cincuenta años, la misma edad que su esposo; afable en su trato conmigo. Sus tres hijos

would be on my way. A free dinner is not to be refused. A street away, in a small snack place, a bistro, Mr. John sat next to me at the bar, enjoying some blood sausage cooked in red sauce that filled the homemade blue corn tortillas, placed on a small basket. For almost two hours he listened to my journey from La Paz; my dreams, my longings. At the end of the night, after a couple of phone calls made by John, I found myself with my legs semi-stretched out in the back seat of a Volkswagen Kombi car. Before opening his car doors for me, he said, "the American dream may be just that, a dream from which you need to wake up." It was the first time someone spoke to me of a life purpose, of the ephemeral temporality of form in matter, for it lasts as long as a dream; "waking up" as a symbol of rejection of a will bought by the market. Until I fell asleep, I had time to think about all that; also the route to follow to Reynosa, to cross the treacherous Rio Bravo; the contacts in the United States; my plans for the future. The next morning, during the American breakfast, I met his wife Rachel; a tall woman, not as tall as him, slim, about fifty years old, the same age as her husband; affable in her dealings with me. Their three children were boys about the same age, I estimate about fifteen, the same height, with distinctive features of the father. Before I finished my first meal of the day, they offered to knock on doors in search of a job in the city, as they had contacts with businessmen in the area who supported the social work of their church.

eran unos muchachos de casi la misma edad, calculo unos quince años, la misma altura, con rasgos distintivos del papá. Antes de terminar mi primera comida del día, se ofrecieron a tocar las puertas en busca de un trabajo en la ciudad, pues tenían contacto con empresarios de la zona que apoyaban la labor social de su iglesia. Este sería el comienzo de mi redención. Alguien supo que quise ser mexicano y en México me iba a quedar. Pero incluso la redención de Dios tuvo un precio; la mía supuso regresar a Bolivia, a veces tragar el sabor de derrota, esperar angustiosamente tres semanas para finalmente ir al consulado mexicano, ahora sí formalmente, para solicitar una visa de trabajo con un contrato laboral en la mano. Pero, mamá, en cuanto a la familia de peruanos, ellos, a su vez, también me contaron lo duro que es vivir en un país extranjero, todas las cosas que tienen que pasar, los miedos a perder el trabajo, la presión por parte de los jefes o la exclusión que existe entre compañeros, porque, como me dijeron ellos, entre peruanos no sólo el gringo cholea sino también el indio con plata. También comentaron sobre sus expectativas a futuro, sus planes de regresar a su país algún día; pero lo que más recuerdo son los detalles de su hija. A ella le encantan las prendas color rosa, tanto que toda su ropa tiene algo de rosado, aunque sea un punto; es más, aquel día llevaba puesto un vestido lleno de corazoncitos. El clásico para salir a pasear. Supe que, además de los Takoyakis y sopa Tonjiru, le gustan los perros, y quiere ser adiestradora canina

Traces

This would be the beginning of my redemption. Someone knew that I wanted to be Mexican and in Mexico I was going to stay. But even God's redemption came at a price; mine involved returning to Bolivia, sometimes swallowing the taste of defeat, waiting an agonizing three weeks to finally go to the Mexican consulate, now formally, to apply for a work visa with a labor contract in hand. But, mom, as for the Peruvian family, they, in turn, also told me how hard it is to live in a foreign country, all the things they have to go through, the fears of losing their job, the pressure from bosses or the exclusion that exists among colleagues, because, as they told me, among Peruvians not only the gringo cholea (bullying) but also the Indian with money. They also commented on their expectations for the future, their plans to return to their country someday; but what I remember most are the details of their daughter. She loves pink clothes, so much so that all her clothes have some pink in them, even if it's just a dot; in fact, that day she was wearing a dress full of little hearts. The classic for going out for a walk. I learned that, besides Takoyakis and Tonjiru soup, she likes dogs, and wants to be a dog trainer when she grows up,...where are they from? They are Peruvian; well, the father is Peruvian and the wife is Ecuadorian; they told me that they met in Madrid, at Barajas airport, ...where do they live? near Tokyo,...wait, I didn't understand what did you ask?...ahh, yes, they like to travel as well. They were doing it together again after a few months apart, as

cuando sea adulta,…¿de dónde son? Ellos son peruanos; bueno, el papá es peruano y la esposa ecuatoriana; me contaron que se conocieron en Madrid, en el aeropuerto de Barajas, …¿dónde viven? cerca de Tokyo,…espera, no entendí ¿Qué preguntaste?… ahh, sí, ellos también gustan de viajar. Volvían a hacerlo juntos después de algunos meses separados, pues la niña y su mamá acababan de regresar de Ecuador hace poco y a pesar de que todavía no se ha terminado esta crisis económica, la segunda más grave después de la gran depresión americana, saben que vendrá un mañana mejor. Quieren aprovechar el desempleo para hacer realidad sus propios proyectos; ven este tiempo como una oportunidad para…sí, claro,… tienen que estar preocupados por el futuro de su niña; por eso piensan en darle lo mejor. Y la mejor herencia o regalo que ellos quieren darle son las cosas intangibles…claro, porque mientras otros padres regalan a sus hijos objetos que pronto se echan a perder, ellos prefieren obsequiarle algo que dure para siempre…tienen razón, siempre debemos buscar la trascendencia, buscar hacer grandes cosas en la medida de lo posible,… sí, claro, como me dijeron ellos y tú también en cierta ocasión: el conocimiento, los principios de vida o la fe son lo mejor que ellos pueden dar a su hija. Por eso, mi forma de hacer algo significativo en esta vida sería recorrer el mundo con la misión de llevar un mensaje de esperanza, que somos eternos, la vida no se acaba aquí, somos peregrinos, ¿verdad?...¡claro!, todos somos

the girl and her mother had just returned from Ecuador recently and even though this economic crisis, the second most serious after the great American depression, is not over yet, they know that a better tomorrow will come. They want to take advantage of the unemployment to make their own projects come true; they see this time as an opportunity to...yes, of course,...they have to be worried about their child's future; that's why they think about giving her the best. And the best inheritance or gift they want to give her are intangible things... of course, because while other parents give their children objects that soon spoil, they prefer to give her something that will last forever...they are right, we should always seek transcendence, seek to do great things as much as possible,...yes, of course, as they told me and you too on a certain occasion: knowledge, life principles or faith are the best things they can give their daughter. So, my way of doing something meaningful in this life would be to travel the world with the mission of bringing a message of hope, that we are eternal, life does not end here, we are pilgrims, right?...of course, we are all one, man and woman, the same needs, the same challenges, equal in essence. With respect to missionary John, we talked a lot. Among other things he told me that Japan, exonym and country of contrasts, is a place where a tree or a mountain can be a god but a little person a hindrance...ok, mom...ok, go to the hospital with care, a kiss, I love you, bye.

uno, hombre y mujer, las mismas necesidades, los mismos desafíos, iguales en esencia. Con respecto al misionero John, hablamos harto. Entre otras cosas me contó que Japón, exónimo y país de contrastes, es un lugar donde un árbol o una montaña puede ser un dios pero una personita un estorbo… ok, mamá…está bien, ve al hospital con cuidado, un beso, te quiero, chau.

6.1 ¿Ahuyentar al oso o salvar a otros? (Nakasendo Magome-Tsumago).
  Scare away the bear or save others? (Nakasendo Magome-Tsumago).

6.2 In the absence of the boot of Italy good is that of Yaotsu (on the way to Goho, Gifu, Japan).
A falta de la bota de Italia bueno es la de Yaotsu (de camino a Goho, Gifu, Japón).

121

Tokyo

VII

Llueve a cántaros. Hoy tenía planeado conocer algo más de Tokyo. Hace dos días que llegué a Japón y no quiero desaprovechar la oportunidad de conocer esta ciudad. Es sabido que la capital japonesa ofrece tantos lugares para conocer que mis tres días en la ciudad no bastarían, ni si quiera los ocho días de vida que he reservado (como si pudiera, jajaja) para gastarlos en este país. Por eso, antes de viajar, contacté a unas personas para que me muestren lo mejor de la capital y sus alrededores, ya que la gente que la transita suele conocer recovecos que no aparecen en los planos turísticos.

Estamos a finales de junio y según mis guías, una pareja de esposos a los cuales conocí personalmente en la estación de Shinjuku, recién comienza la temporada del Monzón, por lo cual es inusual que esté lloviendo así desde ayer. Espero que estas vacaciones sean mejores que la del año pasado en Miami, que después de los muchos sacrificios que hizo la familia para viajar, tres de los cinco días que estuvimos allá lo pasamos encerrados en el hotel por causa de una tormenta. Fue realmente frustrante. Días antes de viajar ya éramos conscientes de que el clima iba a ser adverso, pero aún así, decidimos subirnos al avión. Preferimos viajar y saber qué nos tenía preparado el destino a perder los tres

VII

It's raining cats and dogs. Today I had planned to see more of Tokyo. It's been two days since I arrived in Japan and I don't want to miss the opportunity to get to know this city. It is known that the Japanese capital offers so many places to know that my three days in the city would not be enough, not even the eight days of life that I have reserved (as if I could, hahaha) to spend in this country. That's why, before traveling, I contacted some people to show me the best of the capital and its surroundings, since the people who pass through it usually know nooks and crannies that do not appear in the tourist maps.

We are at the end of June and according to my guides, a married couple whom I met personally at Shinjuku Station, the Monsoon season has just started, so it is unusual that it has been raining like this since yesterday. I hope this vacation will be better than last year's vacation in Miami, which after the many sacrifices the family made to travel, three of the five days we were there were spent cooped up in the hotel because of a storm. It was really frustrating. Days before traveling we were already aware that the weather was going to be adverse, but we still decided to get on the plane. We preferred to travel and know what the destination had

pasajes sin reembolso. Volar en sí mismo es una experiencia; no sabes quién se sentará al lado tuyo, si habrá turbulencias que sacudan los asientos o, por un desperfecto mecánico, tenga que demorar el despegue, en el mejor de los casos. En el vuelo de ida, a mi costado izquierdo tuve sentado a un hombre barbudo, calculo que pasaba de los cuarenta, grandote, que se le ocurrió entablar conversación con la chica de mi lado derecho; una veinteañera caucásica, delgada, de ojos marrones claros. Durante las dos horas y pico del trayecto fui testigo de una charla superficial del tipo "adónde vas, ¡Que coincidencia! ¡A mí también me gusta el K-pop! ¡ohh, tu abuelita jubilada, que lindo, que lindo!" que pude ahorrarme si simplemente hubiese cambiado de asiento con alguno de los dos o ponerme audífonos. Obviamente ese tipo no estaba interesado en la abuelita que esperaba en un cuartito para jubilados la llegada de su nieta, sino en la caperucita albina escasa de sol. Al salir del aeropuerto, el taxi nos dejó en el barrio de la pequeña Habana, en la entrada de un hotelito con pinta de restaurante mexicano en Cancún, que nos esperaba con un letrero que decía: "Aquí se habla español". Dos adhesivas palmeras, que fungían de sombras a sus respectivos flamencos rosados, flanqueaban la puerta de vidrio polarizado por la cual haríamos nuestra presencia al recepcionista del establecimiento; un señor de tés blanca, ojos claros, algo de sobrepeso, entrados en los cincuenta, que vestía guayabera blanca y sombrero de paja toquilla, un regalo de un turista ecuatoriano

in store for us than to lose all three tickets without a refund. Flying in itself is an experience; you don't know who will be sitting next to you, if there will be turbulence that will shake the seats or, due to a mechanical malfunction, have to delay takeoff, in the best case scenario. On the outbound flight, on my left side I had a bearded man sitting next to me, I reckon he was in his late forties, big, who happened to strike up a conversation with the girl on my right side; a Caucasian, slim, light brown-eyed girl in her twenties. During the two and a bit hour ride I witnessed superficial chatter of the "where are you going, what a coincidence! I like K-pop too! ohh, your retired granny, how cute, how cute!" type that I could have saved myself if I had simply switched seats with either of them or put on headphones. Obviously that guy was not interested in the granny waiting for the granddaughter in a little room for retirees, but in the little albino hood with little sunshine. Leaving the airport, the cab dropped us off in the neighborhood of Little Havana, at the entrance of a little hotel that looked like a Mexican restaurant in Cancun, which was waiting for us with a sign that read: "Aquí se habla español" (Spanish spoken here). Two sticky palm trees, which served as shadows for their respective pink flamingos, flanked the tinted glass door through which we would make our presence known to the establishment's receptionist; a white-skinned, light-eyed, slightly overweight man in his fifties, wearing a white guayabera and a toquilla

según supimos después. Por un módico precio nos ofrecieron, además de la habitación doble, un desayuno cubano con huevos encebollados y café de la isla, servidos a partir de las siete de la mañana en la azotea del edificio de tres pisos, bajo un toldo blanco. Lejos de la playa y en medio de una brisa refrescante, ese primer día de vacaciones transitamos la orquestera calle ocho, el corazón de la pequeña Habana. Nuestros pies y emociones nos llevaron al parque Máximo Gómez, lugar donde los hijos del exilio aprovechan el tiempo libre para hacer lo que más les gusta: jugar al Dominó.

Mucho más fresco resultó la tarde siguiente en South Beach, a lo que vinimos. Después del buen desayuno en el hotel; fuimos a echarle una mirada al famoso mar turquesa, el cual hallamos más azulado que en las fotos que habíamos visto por internet, cuando elegíamos el lugar para vacacionar. Debido a las densas nubes oscuras, la brisa fue llevándose a los turistas, que mayormente tendían sus cuerpos en la arena, hasta dejarnos prácticamente toda la costa sólo para nosotros, enajenados. Al percatarnos de las primeras y finísimas gotas de lluvia que traía el viento, que nos metía los pelos en la cara, decidimos también ir a almorzar a unos de los variados restaurantes de Española Way. Mientras nuestro apetito nos abstraía, no imaginábamos que las gotitas que caían del cielo iban ganando peso con el correr del tiempo. Almorzamos, aprovechamos para llevarnos también la cena, llamamos un taxi y en aproximadamente diez minutos vol-

straw hat, a gift from an Ecuadorian tourist, as we later learned. For a modest price, in addition to the double room, we were offered a Cuban breakfast with eggs with onions and coffee from the island, served from seven in the morning on the roof of the three-story building, under a white awning. Far from the beach and in the midst of a refreshing breeze, that first day of vacation we walked along the orchestral Calle 8, the heart of Little Havana. Our feet and emotions took us to Máximo Gómez Park, a place where the children of the exile take advantage of their free time to do what they like best: play dominoes.

The following afternoon was much cooler in South Beach, where we came. After a good breakfast at the hotel, we went to take a look at the famous turquoise sea, which we found bluer than in the pictures we had seen on the internet, when we chose the place to vacation. Due to the dense dark clouds, the breeze was carrying away the tourists, who were mostly laying their bodies on the sand, until we were left with practically the whole coastline just for us, alienated. As we noticed the first very fine raindrops brought by the wind, which whipped our hair in our faces, we also decided to have lunch at one of the many restaurants on Española Way. While our appetite was getting distracted, we had no idea that the raindrops falling from the sky were gaining weight as time went by. We had lunch, took the opportunity to take dinner with us, called a cab and in about ten minutes we

víamos a sentir los latidos de un bongó que palpitaba en una muy vivida rádio en el mostrador de la recepción del hotel. Esa misma noche, la garúa dejó oír levemente los acordes de Silvio Rodríguez provenientes de la habitación contigua, que nos supo a suspiro de añoranza en el ocasional o intencional receptor.

A la mañana siguiente todo comenzó a empeorar. No sólo la lluvia o el viento, sino también los ánimos. Mientras veíamos la cascada que descendía por los tres lados del toldo que nos cubría de una torrencial ducha matutina, los oídos se inundaban de ese sonido característico de los ríos verticales generado por la lluvia al contacto con la cubierta. Sin embargo, el pan casero y los huevos revueltos nos supieron súper ricos, al igual que el café. Luego volveríamos a nuestra habitación a esperar infructuosamente a que mejore el clima para seguir explorando la ciudad o las playas, al mismo tiempo que prendíamos ese aparato rectangular que sirve, también, como herramienta de fervorosa manipulación y control. En cuanto yo buscaba algo "bueno" para ver en la televisión, mi madre seguía repitiendo a mi papá: "hubiera sido mejor quedarnos en casa jugando monopolio o armando un rompecabezas que venir desde tan lejos para estar encerrados en un cuarto de hotel", lugar donde la única diversión era ver en los programas informativos aquellas imágenes que veíamos por la ventana. Esa mañana mi madre estaba algo enfadada, tal vez por el hecho de saber, por boca de una huésped

were back to feeling the beat of a bongo beating in a very lively radio at the reception desk of the hotel. That same night, the drizzle let us hear the chords of Silvio Rodriguez coming from the adjoining room, which made us feel a sigh of longing in the occasional or intentional receiver.

The next morning everything started to get worse. Not only the rain or the wind, but also the mood. As we watched the waterfall cascading down the three sides of the canopy that covered us from a torrential morning shower, our ears were flooded with that characteristic sound of vertical rivers generated by the rain in contact with the canopy. However, the homemade bread and scrambled eggs tasted super yummy, as did the coffee. We would then return to our room to wait fruitlessly for better weather to continue exploring the city or the beaches, all the while turning on that rectangular device that also serves as a tool of fervent manipulation and control. While I was looking for something "good" to watch on TV, my mother kept repeating to my dad: "it would have been better to stay at home playing monopoly or putting together a puzzle than to come from so far away to be locked up in a hotel room", a place where the only entertainment was to watch the news programs with those images we saw through the window. That morning my mother was a bit angry, perhaps because she learned from a guest she met at the hotel reception that the paradisiacal beaches for which we had come were in fact a contraption

que conoció en la recepción del hotel, que las paradisiacas playas por lo cual habíamos venido eran en realidad un artilugio creado con arena artificial. La mañana siguiente fue la sucesión del día anterior con la única salvedad de que el viento literalmente nos salpicó el agua sobre la macedonia de frutas o el "cortadito". Felizmente nuestro último día en Miami amaneció con un sol espectacular, como si no hubiese acontecido nada extraordinario en las fechas anteriores, a no ser por el asfalto todavía mojado por la lluvia o algunos restos de envolturas plásticas regadas, como un recordatorio de que el hombre está a merced de la naturaleza y que la sensación de seguridad es apenas un estado mental autoconcebido y no una certera realidad. Ese día tuvimos la oportunidad de conocer el Círculo de Miami, un recuerdo de la existencia de un asentamiento Tequesta y del poblamiento de Florida o las Américas por culturas prehispánicas. También del concepto de civilización que trajeron los europeos desde occidente. Lamentablemente no nos alcanzó el tiempo para conocer el faro blanco del parque Bill Baggs en Key Biscayne.

Ayer por la mañana, mis guías y yo, estuvimos en Shibuya, exactamente en el parque Yoyogi. Allí, un bosque urbano de 54 hectáreas y abierto al público desde 1967, aprovechamos el tiempo para conocer el santuario Meiji, caminar un poco y hacer un mini picnic con mis guías, y acompañantes, Akira y su esposa Isabel. Hablamos bastante, me enteré que Isabel había conocido a mi mamá en Bolivia y se

created with artificial sand. The next morning was the succession of the previous day with the only exception that the wind literally splashed the water on our fruit salad or "cortadito". Happily our last day in Miami dawned with a spectacular sun, as if nothing extraordinary had happened in the previous dates, except for the asphalt still wet from the rain or some remains of plastic wrappers watered, as a reminder that man is at the mercy of nature and that the feeling of security is just a self-conceived state of mind and not a certain reality. That day we had the opportunity to visit the Miami Circle, a reminder of the existence of a Tequesta settlement and of the settlement of Florida or the Americas by pre-Hispanic cultures. Also of the concept of civilization brought by the Europeans from the West. Unfortunately we did not have enough time to visit the white lighthouse at Bill Baggs Park in Key Biscayne.

Yesterday morning, my guides and I were in Shibuya, exactly in Yoyogi Park. There, an urban forest of 54 hectares and open to the public since 1967, we took advantage of the time to visit the Meiji Shrine, walk around a bit and have a mini picnic with my guides and companions, Akira and his wife Isabel. We talked a lot, I learned that Isabel had met my mom in Bolivia and they had met again by chance at the Benito Juarez airport during a stopover she made while traveling to Peru. She commented on the anecdote of how they met in La Paz: "I arrived from Puno, via Desaguadero, an

habían reencontrado de casualidad en el aeropuerto Benito Juárez durante una escala que ella hizo mientras viajaba a Perú. Comentó la anécdota de cómo se conocieron en La Paz: "Llegué desde Puno, vía desaguadero, con una hora de retraso. Eran aproximadamente las diez am. Así que en el terminal de autobuses aproveche para cambiar divisas, ir al sanitario y saciar el hambre. Fue en el cafetín, a la hora de recoger la bandeja con el desayuno, que percibí las únicas cuatro mesas bipersonales ocupadas por ambos lados, excepto en una, donde una chica leía el diario. Con timidez me acerqué y le pregunté a tu mamá si me podía sentar. Ella, con algo de titubeo, aceptó. Aproveché para poder preguntarle cómo llegar a tal o cual lugar. Saqué un cuaderno para anotar todo lo que iba diciendo; hablaba muy rápido, como si se le estuviera yendo el avión. Tres veces tuve que pedirle que repitiera lo dicho para cerciorarme de haber entendido. En una le dije ¿puedes rebobinar tu lengua? Entonces ella dijo ¿qué? Luego nos echamos a reír. Pedimos otra tanda de café, los cuales bebímos mientras Clara me explicaba que estaba algo nerviosa por un percance que tuvo y que estaba por embarcar".

Isabel también mencionó que su esposo y ella viven desde hace mucho en Japón; que es muy duro la vida de inmigrantes; no sólo las bajas temperaturas del invierno o el insoportable calor veraniego, que a veces sobrepasa los 40 grados, sino que aquí en Japón peor que el olor de aceite impregnado en la ropa o las hernias lumbares es sentir la frustra-

hour late. It was about ten o'clock in the morning. So at the bus terminal I took the opportunity to change currency, go to the toilet and satisfy my hunger. It was in the cafeteria, when it was time to pick up the tray with breakfast, that I noticed the only four two-person tables occupied on both sides, except for one, where a girl was reading the newspaper. I shyly approached and asked to your mother if I could sit down at the same table with her. She, with some hesitation, agreed. I took the opportunity to ask her how to get to such and such a place. I took out a notebook to write down everything she was saying; she spoke very fast, as if the plane was leaving her. Three times I had to ask her to repeat the words to make sure I understood. One time I said can you rewind your tongue? Then she said: what?! Then we burst out laughing. We ordered another batch of coffee, which we drank while Clara explained to me that she was a little nervous because of a mishap she had and was about to board".

Isabel also mentioned that she and her husband have been living in Japan for a long time; that life as an immigrant is very hard; not only the low winter temperatures or the unbearable summer heat, which sometimes exceeds 40 degrees, but here in Japan, worse than the smell of oil impregnated in clothes or lumbar hernias is to feel the frustration of life and end up buying any junk to feel better and postpone that pain. They call it "canned happiness". She added that now they can no longer raise

ción de la vida y acabar comprando cualquier porquería para sentirse mejor y aplazar ese dolor. Ellos lo llaman "felicidad enlatada". Agregó que ahora ya no se puede juntar dinero como antaño, sólo lo justo para sobrevivir, que tienen momentos de desánimo al pensar que su edad avanza y, como en un cerrar de ojos, llegará el día en que ya no tendrán las mismas fuerzas para trabajar en una fábrica. En este punto de la conversación les recomendé que sean objetivos y luchen por sus metas, sin olvidar la solidaridad, pues suple la carencia de los otros.

Yo también sé lo que es ser inmigrante y todas las cosas por las cuales hay que pasar. A pesar de que acabé la universidad en los Estados Unidos, nací en México; siendo niño crucé la frontera. Así que sé lo que es no entender nada de lo que te dicen, vivir el bulling en la escuela, que se rían o tengan lástima de ti. Teniendo como soporte la idea de que la vida es un continuo camino de aprendizaje, todas las experiencias deben dejar su impronta con el propósito de ser cada vez mejor. Las circunstancias que experimenta un extranjero no lo aprende un local.

Les conté mi historia familiar. Cuando mi padre aún era chico, mi abuelo se fue para los Estados Unidos y lo dejó con su mamá. Se marchó de San Luis Potosí dejando una deuda que no permitía dormir tranquila a mi abuela. Felizmente, al cabo de algunos meses, mi abuelo encontró trabajo en una granja de Arizona y fue mandando dinero para pagar la deuda y el sustento de la familia en México,

money as in the past, just enough to survive, that they have moments of discouragement when they think that their age is advancing and, as if in the blink of an eye, the day will come when they will no longer have the same strength to work in a factory. At this point of the conversation I recommended them to be objective and fight for their goals, without forgetting solidarity, because it makes up for the lack of others.

I also know what it is like to be an immigrant and all the things you have to go through. Even though I finished college in the United States, I was born in Mexico; I crossed the border as a child. So I know what it's like to not understand anything they say, to be bullied at school, to be laughed at or pitied. With the idea that life is a continuous learning process, all experiences must leave their mark with the purpose of becoming better and better. Because the circumstances that a foreigner experiences are not learned by a local.

I told them my family story. When my father was still a child, my grandfather left for the United States and left him with his mother. He left San Luis Potosi, leaving behind a debt that my grandmother could not sleep peacefully. Fortunately, after a few months, my grandfather found work on a farm in Arizona and was sending money to pay off the debt and support the family in Mexico, that is, my grandmother and her three children. As the years went by, the family never heard from

es decir, mi abuela y sus tres hijos. Pasados los años, la familia dejó de recibir noticias de mi abuelo, ni supo más de su paradero. Así que, una vez cumplidos los dieciocho años de edad, mi padre cruzó la frontera a buscar trabajo y de paso encontrar a mi abuelo. Tomando como referencia la dirección en Arizona que mi abuelo había dejado, él se fue para allá, pero no lo encontró. Al que sí pudo encontrar fue a un tío, que le dio la mala noticia de que su padre se había mudado más al norte, con su nueva familia. Todo esto me lo contó mi papá, en cierta oportunidad, con algo de dolor todavía. Hay heridas que tardan en sanar y otras que te la llevarías a la tumba si no fuera por una intervención divina, como pasó con mi abuelita y la infidelidad de su esposo. Gracias a Dios, mi papá pudo tener dinero para mantener a su mamá y juntar para los estudios. Él regresó a México para estudiar en la universidad pública y cuidar de su progenitora, sin antes dejar establecidos a sus otros dos hermanos en Estados Unidos. Terminar los estudios no fue fácil, ni tampoco encontrar un empleo en su área, pues tuvo que trabajar como ayudante en supermercados y restaurantes antes de ser contratado para el departamento administrativo de una pequeña empresa de cosméticos. Luego, esta empresa fue comprada por una compañía americana, la cual expandió sus inversiones en otros países. En uno de esos viajes laborales, mis padres se conocieron en la ciudad de Lima, pues mi madre resultó ser la hermana del colega boliviano de mi papá.

my grandfather, nor did they ever hear from him again. So, once he turned eighteen years old, my father crossed the border to look for work and find my grandfather. Taking as a reference the address in Arizona that my grandfather had left, he went there, but he did not find him. The one he did find was an uncle, who gave him the bad news that his father had moved further north with his new family. My father told me all this, at a certain time, with some pain still. There are wounds that take time to heal and others that you would take to the grave if it were not for divine intervention, as happened with my grandmother and her husband's infidelity. Thanks to God, my dad was able to have money to support his mother and raise money for his studies. He returned to Mexico to study at the public university and take care of his mother, without first leaving his other two siblings in the United States. Finishing his studies was not easy, nor was finding a job in his area, as he had to work as an assistant in supermarkets and restaurants before being hired for the administrative department of a small cosmetics company. Later, this company was bought by an American company, which expanded its investments in other countries. On one of those business trips, my parents met in the city of Lima, as my mother happened to be the sister of my father's Bolivian colleague.

After the chat with my guides, which lasted as long as our lunch, we took advantage of the late afternoon to get to know the bustle and colorful

Luego de la charla con mis guías, que duró lo mismo que nuestro almuerzo, aprovechamos el final de la tarde para conocer el bullicio y colorido de la calle Takeshita. Horas después fuimos hasta la estación de Shibuya, a conocer al perrito Hachiko y ver el famoso cruce peatonal, ícono de la conglomeración de las megalópolis. Estábamos conociendo los alrededores cuando comenzó la lluvia; así que rápidamente tuvimos que buscar un lugar para guarecernos y esperar a que acalme el aguacero. Pasados la hora y media metidos en una tienda de ropa, esperando que mejore el tiempo, cosa que no pasó, dimos por terminado el paseo. Fuimos hasta la estación de trenes y regresamos cada uno a su lugar. Hoy tenía programado conocer la torre de Tokyo y el barrio de Akihabara pero, así como está el clima, cancelé todo, y al final decidí por aceptar la invitación de Akira; para almorzar en su casa y conocer a la familia de su hermano, que también lo visitará.

Takeshita Street. Hours later we went to Shibuya Station, to meet the little dog Hachiko and see the famous crosswalk, icon of the conglomeration of the megalopolis. We were getting to know the surroundings when the rain started; so we quickly had to look for a place to take shelter and wait for the downpour to subside. After an hour and a half in a clothing store, waiting for the weather to improve, which it didn't, we ended the tour. We went to the train station and returned each one to his place. Today I had planned to visit the Tokyo Tower and the Akihabara neighborhood but, as the weather is, I canceled everything, and in the end I decided to accept Akira's invitation; to have lunch at his house and meet his brother's family, who will also visit him.

7.1 En los buenos y malos momentos es mejor estar acompañado (Sandbank, Maafushi, Maldivas).
In good and bad times, it is better to be accompanied (Sandbank, Maafushi, Maldives).

7.2 Without rice there is no Japan (Meiji Shrine, Tokyo).

Japón no existe sin arroz (Santuario Meiji, Tokio).

143

Akira

VIII

Con lo que acaba de suceder en Nueva York no sé qué va a pasar con el mundo entero. Es un hecho que los Estados Unidos se van a poner más estrictos con la gente que entra a su país, incluso el tema de estar de tránsito va a ponerse complicado. No sólo va a ser cuestión de tener los documentos en regla, sino que, por motivos de seguridad, hasta el calzoncillo tendremos que enseñar; es más, cuando lleguemos al aeropuerto el gobierno ya va a saber que color de ropa interior llevamos. Eso va a estar bravo y peor si uno tiende a llevar las medias con hueco. ¡Ahh, no! habrá que buscar una compañía aérea que no sea "Americana" para poder viajar, una que tenga vuelo directo o que haga escala en otro país.

Ayer por la mañana, al llegar a la fábrica, en la entrada misma, la señora Miyuki me sale al paso y dice "se acabó el mundo, Akira, ahora sí se acabó" y yo le pregunto por qué, pues hasta ese mismísimo instante no sabía de nada, apenas si me acordaba de lo que había desayunado; así que me dice que en todos los canales de televisión del mundo, sin excepción, están transmitiendo en vivo cómo las dos gigantes de acero y concreto de New York se están cayendo. Yo, ignorante, le pregunto por qué, qué pasó, entonces me dice que dos aviones se han

VIII

With what just happened in New York, I don't know what is going to happen to the whole world. It is a fact that the United States is going to become stricter with people entering their country, even the issue of being in transit is going to become more complicated. It will not only be a matter of having the documents in order, but for security reasons, we will have to show even our underwear; in fact, when we arrive at the airport the government will already know what color underwear we are wearing. That's going to be tough and even worse if you tend to wear socks with a hole in them. Ahh, no! you will have to look for an airline that is not "American" to be able to travel, one that has a direct flight or one that makes a stopover in another country.

Yesterday morning, upon arriving at the factory, at the very entrance, Mrs. Miyuki comes up to me and says "the world is over, Akira, now it is over" and I ask her why, because until that very moment I did not know anything, I barely remembered what I had for breakfast; so she tells me that in all the television channels of the world, without exception, they are broadcasting live how the two giants of steel and concrete of New York are falling down. I, ignorant, ask her why, what happened, then she tells me that two planes have crashed into them and

estrellado contra ellas y se sospecha que fueron terroristas los culpables de tan horrendo hecho; que el gobierno americano va a declararle la guerra a los malvados, y como los malos son muchos, esto va a ser una hecatombe. Por tal motivo, apenas minutos antes de interrumpir mi diaria, fiel y devota entrada a la fábrica para contarme las apocalípticas noticias, ella acababa de llamar a su esposo para pedirle que compre los pasajes de regreso a Perú, lo más rápido posible. Finalmente no pudo conseguir los boletos aéreos, porque no fueron los únicos que pensaron en huir del lugar en el cual se encuentran y regresar al país que los vio nacer y en el cual esperan, según las circunstancias, morir al lado de aquellos que aman. Muchas serán las víctimas si estalla otro conflicto bélico, y seguramente la supremacía norteamericana quedará demostrada nuevamente; sin embargo, con un "occidente" decrépito y homosexual pero con los "demás" reproduciéndose como conejos, llegará el tiempo de la revancha. Sospecho que ese asunto de la identidad de género es en el fondo una estrategia para controlar el crecimiento demográfico y que todos lo conatos de guerra o conflictos internacionales sirven para un propósito oculto. Ataques bajo falsa bandera. Avanzan hacia el sur, pero los cañones apuntan hacia el norte.

Los cuatro televisores que hay en el comedor de la fábrica (porque tienen que entretener a muchos y somos muchos los que, intentando tomar unos minutos más a la vida, esperamos hasta que suene el timbre avisando que ya es hora de trabajar)

146

it is suspected that terrorists were the culprits of such a horrendous event; that the American government is going to declare war on the evil ones, and as the bad guys are many, this is going to be a hecatomb. For this reason, just minutes before interrupting my daily, faithful and devoted entrance to the factory to tell me the apocalyptic news, she had just called her husband to ask him to buy the return tickets to Peru, as soon as possible. Finally he could not get the air tickets, because they were not the only ones who thought of fleeing the place where they are and return to the country where they were born and where they hope, according to the circumstances, to die next to those who they love. Many will be the victims if another war breaks out, and surely the American supremacy will be demonstrated again; however, with a decrepit and homosexual "West" but with the "others" reproducing like rabbits, the time for revenge will come. I suspect that this gender identity issue is basically a strategy to control population growth and that all attempts at war or international conflict serve a hidden purpose. False flag attacks. They advance south, but the guns are pointed north.

The four televisions in the factory canteen (because they have to entertain a lot of people and there are many of us who, trying to take a few more minutes of life, wait until the bell rings that it is time to work) are broadcasting images of heavily armed security guards accompanied by sniffing dogs and announcements of cancelled flights at a

están emitiendo imágenes de guardias de seguridad fuertemente armados acompañados de perros que huelen por doquier y anuncios de vuelos cancelados en un aeropuerto estadounidense.

En verdad no sé en qué va a acabar este asunto de las torres gemelas, pero lo que sí sé es que la vida hay que vivirla con sabiduría. Cuánta gente murió allá esperando sus próximas vacaciones para conocer su "lugar más bonito del mundo " y no lo hizo antes porque lo pospuso esperando mejores tiempos. Ahora me doy cuenta de lo importante que es aprovechar los momentos para realizar lo posible sin obsecionarse con el futuro.

Observando las imágenes de los aeropuertos en el televisor, recuerdo la oportunidad que tuve de ir a Busan haciendo stopover en Seúl, en mi venida a Japón. En un ejercicio de flashback inconsciente, veo al agente de inmigración, después de ver mi pasaporte, mirando una lista de países pegado en un divisorio de su cubículo, para saber si me deja entrar en su país sin necesidad de visa. Con mi poco inglés, le dije que los peruanos no necesitamos tramitar una visa anticipadamente para ingresar como turistas, según los datos que me dieron en la sede del ministerio de relaciones exteriores en Lima. A pesar de mi esfuerzo, aquel funcionario de rostro inmutable siguió buscando en su lista, tal vez por un minuto, pero ese insignificante minuto fue uno de los lapsos más lárgos y críticos de mi vida. Primero, porque en aquel colorido papel pegado no

U.S. airport.

I really don't know how this twin towers thing is going to end, but what I do know is that life has to be lived wisely. How many people died there waiting for their next vacation to visit their "most beautiful place in the world" and did not do it before because they postponed it waiting for better times. Now I realize how important it is to take advantage of the moments to do what is possible without being obsessed with the future.

Watching the images of the airports on the TV, I remember the opportunity I had to go to Busan, stopping over in Seoul, on my way to Japan. In an unconscious flashback exercise, I see the immigration officer, after seeing my passport, looking at a list of countries stuck on a divider of his cubicle, to know if he would let me enter his country without a visa. With my little English, I told him that Peruvians do not need to apply for a visa in advance to enter as tourists, according to the information I was given at the headquarters of the Ministry of Foreign Affairs in Lima. In spite of my effort, that official with the immutable face continued searching through his list, perhaps for a minute, but that insignificant minute was one of the longest and most critical lapses of my life. First, because in that colorful pasted paper he could not find Peru written and he kept jumping from the green column to the yellow column and then to the red one. It was on his third attempt that his index

hallaba escrito Perú e iba saltando de la columna verde a la columna en amarillo y luego a la roja. Fue en su tercer intento que su dedo índice encontró la palabra Perú; y en segundo lugar porque mi confianza en el hombre se vio tambalear. Me refiero en aquel funcionario de bigotes gruesos del ministerio de relaciones exteriores en Lima que me dijo: "No, señor, no es necesario tramitar ningún tipo de visado para transitar como turista por territorio coreano". Felizmente, luego de sellar el pasaporte, me dejaron salir del aeropuerto de Gimpo y llegué al terminal de autobuses express (línea Gyeongbu) para partir hacia Busan.

¿Por qué Busan? Es cierto que "la tierra de la calma de la mañana" es menos visitada que Japón, pero también es más cierto que la parte meridional de la península tiene mucho que ofrecer además del famoso Kimchi. Hasta antes de subir al avión, sólo había escuchado de la modernísima metrópoli de Seúl; pero en pleno vuelo desde Los Angeles pude saber, de boca de un coreano residente en esta ciudad, de la fama del pollo frito coreano y del balneario de la segunda ciudad más poblada del país. Una simple conversación entre dos extaños, sentados uno junto al otro, pudo cambiar todo un itinerario.

En algo más de cuatro horas de viaje, los 330 kilómetros que separan ambas ciudades se acortaron y al anochecer pude llegar al distrito de Haeundae. Luego de transitar entre las exposiciones

finger found the word Peru; and secondly because my confidence in the man was shaken. I am referring to that thick-mustached official of the Ministry of Foreign Affairs in Lima who told me: "No, sir, it is not necessary to apply for any kind of visa to transit through Korean territory as a tourist". Happily, after stamping my passport, they let me leave Gimpo airport and I arrived at the express bus terminal (Gyeongbu line) to leave for Busan.

Why Busan? It is true that "the land of the morning calm" is less visited than Japan, but it is also true that the southern part of the peninsula has a lot to offer besides the famous Kimchi. Until before boarding the plane, I had only heard of the modern metropolis of Seoul; but in the middle of the flight from Los Angeles, I learned from a Korean resident about the fame of Korean fried chicken and the spa of the second most populated city in the country. A simple conversation between two strangers, sitting next to each other, could change an entire itinerary.

In a little more than four hours of travel, the 330 kilometers that separate the two cities were shortened and by nightfall I was able to reach the district of Haeundae. After wandering among the fresh fish displays in the street market, I was able to walk along the golden sands of the beach and fill my lungs with the wonderful breeze of the Sea of Japan. Only the next day I was able to dive into its warm waters, which I could not do the night be-

de pescado fresco del mercado callejero, pude caminar por las doradas arenas de la playa y llenar los pulmones con la maravillosa brisa del mar de Japón. Recién al día siguiente pude zambullirme en sus tibias aguas, cosa que no pude hacer la noche anterior debido a que en Busan, y tal vez en toda Corea, existe un horario establecido para poder entrar al mar. Después del baño, me perdí por los alrededores del mercado de pescados de Jagalchi, a unos kilómetros de distancia y considerado el más grande de su tipo en Corea, en mi intento de conocer la Busan auténtica, más allá de la plaza BIFF y los atractivos más promocionados de la ciudad. Fueron tres intensos días en los cuales conocí las playas de Haeundae y Gwangalli; mercados, calles, gente; sobre todo tuve la sensación de que en ocasiones la vida te da oportunidades de aprendizaje, si lo buscas con inteligencia. Me refiero a conocer lugares aprovechando las escalas de un vuelo largo o las simples visitas a un familiar que vive en el campo para aprender algo nuevo o incluso una profesión. Así como dice el dicho "el que no sube el Fuji san una vez en la vida es un bobo, pero dos veces bobo el que lo sube dos veces" asimismo, por cuestiones medioambientales, deberíamos visitar un destino una sola vez y aprovechar la oportunidad para hacerlo todo.

Volviendo al asunto de las escalas, creo que son formas eficaces de ahorrar dinero a la hora de conocer lugares o realizar infinidad de actividades en vez de llevarlos a cabo independientemente,

fore because in Busan, and perhaps in all of Korea, there is a set timetable for entering the sea. After the swim, I wandered around the Jagalchi fish market, a few kilometers away and considered the largest of its kind in Korea, in my attempt to get to know the real Busan, beyond the BIFF square and the most promoted attractions of the city. They were three intense days in which I got to know the beaches of Haeundae and Gwangalli; markets, streets, people; above all I had the feeling that sometimes life gives you learning opportunities, if you look for them intelligently. I am referring to getting to know places by taking advantage of stopovers on a long flight or simple visits to a relative who lives in the countryside to learn something new or even a profession. As the saying goes "he who does not climb Fuji San once in his life is a fool, but he who climbs it twice is a fool twice" likewise, for environmental reasons, we should visit a destination only once and take the opportunity to do it all.

Going back to the subject of stopovers, I believe that they are effective ways to save money when it comes to getting to know places or doing countless activities instead of doing them independently, starting from the place of residence. How many wasted opportunities did I have in my comings and goings to Peru? How many destinations did I miss because I did not take advantage of the stopovers I made in the United States, Mexico or Europe? Sometimes dreams are achieved with some intelligence.

partiendo desde el lugar de residencia. ¿Cuántas oportunidades desaprovechadas tuve en mis idas y venidas al Perú? Cuántos destinos dejé de conocer por no aprovechar las escalas que hice en Estados Unidos, México o Europa, porque a veces los sueños son alcanzados con algo de inteligencia.

Suena la campana anunciando el inicio de nuestras actividades laborales y mientras mis pasos me acercan a una máquina grasienta dobladora de láminas metálicas, que en cierto sentido se ha convertido también en un artefacto "realizadora de sueños" a la cual obedientemente tendré que pasarle un trapo para quitarle cualquier residuo al término de la jornada como un ritual hacia un objeto (que para otras personas podría ser similar a la imagen a la cual le soban con la mano la barriga y la cabeza calva o al gatito rojo, a los cuales se le han atribuido capacidades sobrenaturales), me voy preguntando si con lo que tengo en los bolsillos me alcanza para darme un salto con mi esposa a cualquier lugar este final de año, si es que todavía existe el mundo.

Imposible impedir que mi mente divague pensando en otros horizontes pero nunca olvido que debo de estar preparado para conocer el lugar más bonito del mundo, la nueva Jerusalén. No soy un experto en viajes, sólo hago uso del sentido común; pero si hay algo que sospecho es que el lugar "más bonito del mundo" fue creado para saber que existe el paraíso.

Traces

The bell rings announcing the start of our work activities and as my footsteps bring me closer to a greasy sheet metal bending machine, which in a sense has also become a "dream maker" artifact, to which I will obediently have to wipe it down and remove any residue at the end of the day as a ritual towards an object (which for other people could be similar to the image whose belly and bald head are rubbed with a hand or the red kitten, to which supernatural abilities have been attributed) I wonder if with what I have in my pockets I have enough to take a leap with my wife anywhere this end of the year, if the world still exists.

Impossible to keep my mind from wandering to other horizons, but I never forget that I must be prepared to visit the most beautiful place in the world, the New Jerusalem. I am not a travel expert, I just make use of common sense; but if there is something I suspect is that the "most beautiful place in the world" was created to know that paradise exists.

8.1 No siempre se tiene todo lo que uno quiere (playa de Haeundae, Busan).

You don't always have everything you want (Haeundae Beach, Busan).

8.2 To bad weather, good face! (Gamcheon district, Busan).
 ¡A mal tiempo, buena cara! (Barrio de Gamcheon, Busan).

Junio, 2026

June, 2026

IX

La previsión del clima para los próximos tres días ha variado, habrá mal tiempo. Esto ha hecho que mis padres alteren los planes iniciales de vacaciones y primero vayamos a visitar a mi tío Akira en Fujisawa, Kanagawa, para luego continuar nuestro viaje familiar hasta el lago Yamanaka en Yamanashi.

Desde un principio me opuse a este viaje, les dije a mis viejos que si fuera por mí me quedaría en casa. Prefiero pasar la tarde con mis amigas escuchando música, pero ellos insistieron para que vaya yo también; me recordaron que nunca debe romperse el vínculo familiar, que a pesar de ser mayor de edad debo aprovechar la soltería para viajar con ellos, porque pronto habría menos oportunidades para vacaciones familiares pues preferiría salir con los amigos, cosa que de verdad me pareció más atractivo desde un inicio. Así que no quedó más remedio que aceptar. Luego, propuse como destino la playa de aquí cerca pero sin resultado positivo, aludieron que a la playa podemos ir cualquier final de semana. Tal vez más adelante tenga oportunidad de decirle a mi madre que el paseíto del año pasado me tiene cansada hasta ahora. Realmente fue extenuante viajar, por segunda vez, desde Chiba hasta el lago Biwa en Shiga. No puedo negar que una vez llegados al lugar, el cansancio se diluyó en la tibieza del cuerpo de agua más grande y antiguo de Japón;

IX

The weather forecast for the next three days has changed to bad weather. This has caused my parents to alter the initial vacation plans and we will first go to visit my uncle Akira in Fujisawa, Kanagawa, and then continue our family trip to Lake Yamanaka in Yamanashi.

From the beginning I was opposed to this trip, I told my parents that if it were up to me I would stay home. I prefer to spend the afternoon with my friends listening to music, but they insisted that I should go too; they reminded me that the family bond should never be broken, that despite being of age I should take advantage of my bachelorhood to travel with them, because soon there would be fewer opportunities for family vacations since I would prefer to go out with friends, something that really seemed more attractive to me from the beginning. So I had no choice but to accept. Then, I proposed as a destination the beach nearby but without positive result, they alluded that we can go to the beach any weekend. Maybe later I will have the opportunity to tell my mother that last year's little walk has made me tired so far. It was really exhausting to travel, for the second time, from Chiba to Lake Biwa in Shiga. I can't deny that once we arrived at the place, the tiredness melted away in the warmth of Japan's largest and oldest

además, el susurro de aves y árboles que despertó la brisa fueron un verdadero spa para mis sentidos. Sin embargo, no puedo dejar de recordar las doce horas metida dentro de un carro y llegar con el poto aplastado. Luego, sin darme cuenta y como cereza sobre pastel, el sol me achicharró los brazos.

Con el cambio climático afectando todos los aspectos de la vida cotidiana, será más difícil poder programar un viaje de placer y tener las expectativas satisfechas. Sol, cielo despejado, viento moderado, sólo en postales. Esto me trae a la memoria cierta ocasión, acaso uno de los pocos recuerdos vívidos que tengo de mi pubertad, y quizá la única vez que estuve en el lago Ashi. Final de la estación estival, la zona del pueblo de Moto Hakone semidesértica, el viento fresco invitaba a tomar la siesta a orillas del lago. Habíamos salido de Chiba aún en la oscuridad por lo cual el sopor era incontrolable a esa hora del día. Así que no resistí a sentarme en la orilla para mojarme los pies descalzos sin importar que a diferencia del lago Biwa, que habíamos conocido la temporada anterior, tuviera el agua más fría en la misma época del año. Lo importante era liberarme de ese estado que impedía seguir captando la belleza del lago más grande de Kanagawa, que también rodea (aunque no tan de cerca) al Fujisan, icónica montaña japonesa que observaba y que parecía estar estampada sobre un lienzo. Había dejado a mis padres buscando una tienda donde comprar souvenirs y me creía en la absoluta soledad admirando al Fuji, intentando ejercitarme en

body of water; besides, the whisper of birds and trees that the breeze awakened were a real spa for my senses. However, I can't stop remembering the twelve hours stuck inside a car and arriving with a squashed butt. Then, without realizing it and like cherry on top of the cake, the sun scorched my arms.

With climate change affecting all aspects of daily life, it will be more difficult to schedule a leisure trip and have your expectations met. Sunshine, clear skies, moderate wind, only on postcards. This brings to mind a certain occasion, perhaps one of the few vivid memories I have from my puberty, and perhaps the only time I was at Lake Ashi. The end of the summer season, the area of Moto Hakone village semi-desert, the cool wind invited to take a nap on the shores of the lake. We had left Chiba still in the dark so the drowsiness was uncontrollable at that time of the day. So I could not resist sitting on the shore to get my bare feet wet, no matter that unlike Lake Biwa, which we had known the previous season, the water was colder at the same time of the year. The important thing was to free myself from that state that prevented me from continuing to capture the beauty of Kanagawa's largest lake, which also surrounds (though not as closely) the Fuji-san, iconic Japanese mountain I was observing and which seemed to be stamped on a canvas. I had left my parents looking for a store to buy souvenirs and I thought I was in absolute solitude admiring Fuji, trying to exercise my-

la práctica de "alejar el sueño en sólo dos pasos mojados". En eso estaba cuando sentí una mano tocando mi hombro. Sobresaltada, volteé la cabeza y vi que era mi padre que estaba a mi lado. En mi abstracción no había oído los pasos de su llegada. Su rostro reflejaba la vacilación que experimentan las parejas cuando uno de ellos dice al otro "me ha salido un trabajo en el extranjero y tendré que dejar a la gente que quiero", algo que me alarmó un poco y me llevó a buscar con la mirada a mi madre, sentada cinco metros atrás, lo cual terminó por sobrecogerme. Pregunté qué pasaba y él se sentó a mi lado. Su mirada observaba el movimiento del agua como buscando en aquel vaivén el coraje necesario para lo que iría a decir. Tomó mi mano y dijo: "hija, se vienen tiempos malos; así que quiero que estés prevenida para que sepas cómo actuar". En ese momento pensé que diría que su matrimonio se acabó, no da más; que iría a tomar otra senda para su vida, una más joven o tal vez más vieja, cosa que a final de cuentas da igual; o que a pesar de que el amor hacia mi madre se había desgastado con el rigor de la vida, yo siempre sería su linda bebita. En cambio agregó: "nadie sabe lo que nos espera mañana, ni siquiera lo que el día traerá; por eso nos pareció prudente decirte ahora lo que pronto está por suceder. Nadie sabe cuándo ni cómo los que han creído en Cristo serán arrebatados de la tierra en un pestañeo y llevados a conocer la verdad para dejar de lado las sombras que hemos creído como realidad". ¡Oh, que bueno, papá! pero… ¿dónde

self in the practice of "pushing sleep away in just two wet steps". I was doing just that when I felt a hand touching my shoulder. Startled, I turned my head and saw that it was my father standing beside me. In my abstraction I had not heard the footsteps of his arrival. His face reflected the hesitation that couples experience when one of them says to the other "I got a job abroad and I will have to leave the people I love", something that alarmed me a little and led me to look for my mother, sitting five meters behind, which ended up overwhelming me. I asked what was going on and he sat down next to me. His gaze observed the movement of the water as if searching in that swaying for the necessary courage for what he was going to say. He took my hand and said: "daughter, bad times are coming, so I want you to be forewarned so you know how to act". At that moment I thought he was going to say that his marriage was over, he was done for; that he was going to take another path for his life, a younger one or maybe an older one, which in the end doesn't matter; or that even though his love for my mother had worn out with the rigor of life, I would always be his pretty little baby. Instead he added: "No one knows what tomorrow holds, or even what the day will bring; that's why we thought it prudent to tell you now what is soon to happen. No one knows when or how those who have believed in Christ will be snatched from the earth in the blink of an eye and brought to know the truth to put aside the shadows we have believed to be re-

está lo malo? le dije y él respondió: "antes de esto, el anticristo aparecerá como líder carismático autoproclamándose la solución de todo caos pero escondiendo manipulación y muerte". Le miré a los ojos y dije: "¡oh que malo, papá! ¡la gente sin Cristo la pasará muy mal!". Sostuvimos la mirada por unos segundos; yo esperaba que dijera algo más pero nada, sólo un silencio que pareció perpetuo. Entonces comprendí lo que quiso decir y bajé los ojos. Me abrazó.

Esa tarde, mientras regresábamos a casa, antes de caer rendida por el sueño, estuve pensando en aquello que mi padre me había dicho minutos antes de subir al auto. Mientras él atravesaba las verdes montañas de Hakone, bosques tan espesos que cualquier persona podría creer que un Tarzan destazador de jabalíes y ciervos sikas se ocultaba ahí, recordé la ocasión cuando en uno de esos paseos de final de semana desperté en el asiento trasero del vehículo y ellos comentaban sobre lo sucedido la primera noche en Maldivas. Si bien recuerdo, mis padres dijeron que yo tendría unos cinco años cuando en medio de la cena con la familia rusa, que habíamos conocido en el ferry, la esposa nos dice en español: "lo que voy a decir no lo cree la gente pero algo feo se aproxima. El calentamiento global debe llamar nuestra atención porque ya está afectando el presente de toda la humanidad pero no sólo eso, sino porque es el comienzo de dolores. Lo escrito pronto se cumplirá pues el espíritu del anticristo está sobre la tierra, desde los primeros

ality." Oh, that's great, Dad, but...where's the bad?" I said and he replied, "before that, the antichrist will appear as a charismatic leader self-proclaiming himself the solution to all chaos but hiding manipulation and death. I looked him in the eyes and said, "oh how bad, daddy! people without Christ will have a very bad time!". I held his gaze for a few seconds; I was waiting for him to say something else but nothing, just a silence that seemed perpetual. Then I understood what he meant and lowered my eyes. He hugged me.

That afternoon, as we were driving home, before falling asleep, I was thinking about what my father had told me minutes before getting into the car. As he drove through the green mountains of Hakone, forests so thick that anyone could believe that a Tarzan that butchered wild boars and Shika deer, was hiding there, I remembered the time when on one of those late-week drives I woke up in the back seat of the car and they were talking about what had happened the first night in the Maldives. As I recall, my parents said I was about five years old when in the middle of dinner with the Russian family we had met on the ferry, the wife told us in Spanish: "what I am about to say people don't believe it but something ugly is coming. Global warming must call our attention because it is already affecting the present of all mankind but not only that, but because it is the beginning of pains. What is written will soon be fulfilled because the spirit of the antichrist is on earth, since the first

días de Adán, queriendo destruir la obra de Dios en nosotros. Es muy humano pensar en el futuro; esforzarte para estudiar con el fin de conseguir un empleo, trabajar para pagar una jubilación que no te alcanzará; eso está bien, muy correcto, pero hay otro futuro que también debe llamar nuestra atención, pues los millones de años que menciona la ciencia nos da la idea de que sí existe la eternidad".

Como diría mi tío Akira cada vez que se toca el tema del clima: "no sabes lo que se viene", y fue precisamente eso lo que vino hoy a mi mente. Por otro año consecutivo va a llover casi todos los días de esta semana. Según el pronóstico del tiempo se viene un tifón, uno fuerte; pero existe la posibilidad de que en algún punto del mapa se desvíe. Para mi tío, cada tifón que llega hasta estas islas es un símbolo de un tiempo malo. Más que una crisis económica o social, una compleja megaestructura de fuerza coercitiva capaz de romperte el alma; dirigida no por lideres reconocidos públicamente, sino por un binomio demoníaco cuyo influjo es el mismo diablo.

Cierto día, al término de una de esas visitas familiares que tuvimos, mientras nos despedíamos mutuamente y nos decíamos cuándo regresas o cuándo vas o algo parecido; mi tío me abraza y dice: "sobrina, no sabes lo que se viene. Puedes levantarte de la cama, tomar desayuno, ir a la escuela y pensar que esa mañana es la repetición matutina del día anterior; miras el cielo y parece que es el mismo;

days of Adam, wanting to destroy God's work in us. It is very human to think about the future; to make an effort to study in order to get a job, to work to pay for a retirement that will not be enough; that is fine, very correct, but there is another future that should also call our attention, because the millions of years mentioned by science give us the idea that eternity does exist".

As my uncle Akira would say every time the subject of weather comes up, "you don't know what's coming," and that's exactly what came to my mind today. For another year in a row it is going to rain almost every day this week. According to the weather forecast a typhoon is coming, a strong one; but there is a chance that somewhere on the map it will veer off course. For my uncle, every typhoon that reaches these islands is a symbol of bad weather. More than an economic or social crisis, a complex megastructure of coercive force capable of breaking your soul; directed not by publicly recognized leaders, but by a demonic binomial whose influence is the devil himself.

One day, at the end of one of those family visits we had, while we were saying goodbye to each other and telling each other when you are coming back or when you are going or something like that; my uncle hugs me and says: "niece, you don't know what is coming. You can get out of bed, have breakfast, go to school and think that morning is the morning repetition of the previous day; you look

oyes los mismos pasos afanosos a tu lado y sentirás el tedio de la monotonía; pero nunca te olvides que, ese mismo día y en algún lugar de la tierra, alguien está pensando cómo fregarte la vida. Detrás de la cotidianidad, en las esferas que mueven el mundo, se está tramando algo nuevo, espectacular, poderoso, que hará que el mañana sea distinto; pero la magia trae consigo una mayor dependencia del sistema; las libertades serán cada vez más efímeras y, deslumbrados, la gente no sabrá que desde hace mucho estamos siendo manipulados".

P.D.: A la persona que ocasionalmente haya encontrado este cuaderno extraviado, póngase en contacto conmigo al 80-979336. No quise empezar escribiendo "querido diario, me llamo Ana, tatata, tatata…" pero sí, ese es mi nombre y vivo en Chiba, Japón.

9.1 Si tu ojo es bueno verás con claridad (lago Biwa en verano).
If your eye is good, you will see clearly (Lake Biwa in summer).

at the sky and it seems to be the same; you hear the same busy footsteps next to you and you will feel the tedium of monotony; but never forget that, that same day and somewhere on earth, someone is thinking about how to screw up your life. Behind the daily routine, in the spheres that move the world, something new, spectacular, powerful is being plotted that will make tomorrow different; but the magic brings with it a greater dependence on the system; freedoms will be more and more ephemeral and, dazzled, people will not know that we have been manipulated for a long time".

P.S.: To the person, who occasionally found this notebook lost, please contact me at 80-979336. I didn't want to start by writing "dear diary, my name is Ana, tatata, tatata..." but yes, that is my name and I live in Chiba, Japan.

9.2 If your eye is bad, you will see darkness (Lake Ashi in winter).
9.2 Si tu ojo es malo verás oscuridad (lago Ashi en invierno).

Piesitos ¿para qué te quiero? ¿para
el fútbol?...mejor para andar

Little feet, what do I want you for?
for soccer?...better for walking

Rastros

X

Por fin terminó esta pesadilla. Argentina acaba de ganarnos 3 a 1 en Quito y nos despedimos del mundial de Rusia. Las esperanzas, las ilusiones por los buenos resultados iniciales se derrumbaron de a poco. Quedamos afuera; ahora sólo nos queda llorar sobre la almohada. Intentaré dormir para despertar mañana y tener la oportunidad de un día mejor, porque como alguien me dijo: "el día será lo que tú quieras que sea". Los que sin duda no dormirán esta noche serán el esposo de mi hermana Nury, su familia y todos los millones de peruanos. Treinta y seis años después tendrán la posibilidad de volver a un mundial de fútbol. Así son las cosas, así es la vida.

En cierta ocasión alguien también me dijo: "la vida es como el fútbol, gana el que aprovecha las oportunidades y comete menos errores"; por eso también creo importante aprender, crecer para poder encarar de la mejor manera el día de mañana. Mi compañera Carol ya me había advertido sobre Azucena; a veces le da delirios de grandeza y trata a las extranjeras como gente de segunda, y olvida que su madre llegó desde Uruguay traída por su abuela italiana. La verdad es que a mí no me trata mal como dicen; no sé si es por mi desempeño en la empresa o por la botellita de sake que le regalé cuando mi regreso de vacaciones coincidió con su primer día

Traces

X

This nightmare is finally over. Argentina just beat us 3-1 in Quito and we said goodbye to the World Cup in Russia. The hopes, the illusions due to the good initial results collapsed little by little. We are out; now we only have to cry on our pillow. I will try to sleep in order to wake up tomorrow and have the chance of a better day, because as someone told me: "the day will be whatever you want it to be". Those who will certainly not sleep tonight will be my sister Nury's husband, her family and all the millions of Peruvians. Thirty-six years later they will have the chance to return to a World Cup. That's how things are, that's life.

Someone once told me: "life is like soccer, the winner is the one who takes advantage of opportunities and makes fewer mistakes"; that is why I also believe it is important to learn, to grow in order to face tomorrow in the best way possible. My colleague Carol had already warned me about Azucena; sometimes she has delusions of grandeur and treats foreigners as second-class people, and forgets that her mother came from Uruguay brought by her Italian grandmother. The truth is that she does not treat me badly as they say; I do not know if it is because of my performance in the company or because of the little bottle of sake I gave her when my return from vacation coincided with her first

laboral como la nueva jefa de sección y yo tuve que explicarle que tenía cosas inacabadas porque viajé a la tierra de mis ancestros, a visitar por primera vez a mi hermana que reside en el país del sol naciente, que pensando en las chicas había traído pequeños regalos y, aprovechando la ocasión, deseaba hacerle llegar uno a ella también. Pero hoy Azucena se olvidó de las formas pues no agradeció la taza de café recién hecho que puse sobre su escritorio, ni siquiera lo notó sino que apagó el ordenador, tomó su cartera y se fue. Con todo lo que tuvo que pasar para que ese café llegue hasta aquí no se lo puede dejar ni a medias; es decir el trabajo duro, talvez hasta forzado, de los agricultores bajo un sol redondo que ni siquiera sus sombreros de paja pueden proteger o la copiosa lluvia de estación que enloda el suelo bajo sus pies; sin contar el impacto medioambiental agrícola o el consumo de energía del proceso de producción y distribución. Por eso, a mal tiempo buena cara. Apenas cerró la puerta de la oficina tras de sí, agarré el café y me lo bebí.

Pero volviendo al tema del fútbol, ciertamente no sé si en casa de mi hermana es día de fiesta; por un lado mi hermana triste por la derrota nacional y por el otro la alegría de mi cuñado; aunque pensándolo bien, creo que será una noche tranquila, mejor dicho, día tranquilo puesto que en Japón son ocho horas más que en Madrid. Kyo es un poco anti sistema y, a pesar de que le encanta el fútbol, detesta el monopolio, los negociados en torno a ese deporte pero, sobre todo, a que el fútbol se ha vuelto

176

working day as the new section chief and I had to explain to her that I had unfinished things because I traveled to the land of my ancestors, to visit for the first time my sister who lives in the country of the rising sun, thinking of the girls, I had brought small gifts and, taking advantage of the occasion, I wanted to give her one too. But today Azucena forgot about manners, for she did not appreciate the cup of freshly brewed coffee I put on her desk, she did not even notice it but turned off the computer, took her purse and left. With all that had to happen for that coffee to get here, it can't be left half-finished; that is to say the hard work, perhaps even forced, of the farmers under a round sun that not even their straw hats can protect or the copious seasonal rain that muddies the ground under their feet; not to mention the agricultural environmental impact or the energy consumption of the production and distribution process. So, all's well that ends well. As soon as he closed the office door behind her, I grabbed the coffee and drank it.

But returning to the subject of soccer, I certainly do not know if it is a holiday at my sister's house; on the one hand my sister is sad about the national defeat and on the other my brother-in-law's joy; although on second thought, I think it will be a quiet night, or rather, a quiet day since in Japan it is eight hours more than in Madrid. Kyo is a bit anti-system and, although he loves soccer, he hates the monopoly, the business around that sport but, above all, the fact that soccer has become a

una herramienta para promover el consumismo, generar el descontento y la injusticia social al permitir que un tipo que se dedica a ejercitar su cuerpo para ofrecer un simple "espectáculo" (a veces mal hecho) por lucro, pueda obtener muchísimos más beneficios económicos que un maestro de escuela o un doctor de hospital. Como alguien dijo: "vivimos en la era de la estupidez". Conscientes pero inconsecuentes.

Aún recuerdo cuando nos conocimos el día del nacimiento de mi sobrina. Un día antes había aterrizado en Narita, todavía no estaba con el reloj natural actualizado; cansada pero con ganas de esperar el parto. Así que, después del hospital, nos fuimos todos a comer loco moco a un restaurante hawaiano. Entre charla y charla comentó lo valerosa que era yo, al igual que mi hermana, por salir de la comodidad y seguridad del hogar a buscar un mejor porvenir en un país al otro lado del mundo. Agregó que a pesar de los dolores en las rodillas, mayor posibilidad de trombosis venosa, cancer o problemas cardiovasculares relacionados al padecimiento frecuente del jet lag yo había decidido subir a un avión. En ese instante no supe si estaba recibiendo un halago o quería que yo no estuviese allí. Tampoco él sabía que, obviamente, siempre se siente miedo a lo desconocido, a perderse en el camino; como cuando cinco años antes Nury fue a visitarme a Madrid y, aprovechando su presencia, decidimos conocer el reino de Marruecos. Marraquech de camino al Sahara. Al siguiente día de haber

178

tool to promote consumerism, generate discontent and social injustice by allowing a guy who is dedicated to exercise his body to offer a simple "show" (sometimes poorly done) for profit, to obtain much more economic benefits than a school teacher or a hospital doctor. As someone said: "we live in the age of stupidity". Conscious but inconsequential.

I still remember when we met on the day of my niece's birth. I had landed in Narita the day before, not yet with the natural clock up to date; tired but looking forward to the birth. So, after the hospital, we all went to eat loco moco at a Hawaiian restaurant. In between chats she commented on how brave I was, as was my sister, for leaving the comfort and security of home to seek a better future in a country on the other side of the world. She added that despite the pain in my knees, the increased possibility of venous thrombosis, cancer or cardiovascular problems related to frequent jet lag, I had decided to get on a plane. At that moment I didn't know if he was being flattered or wanted me not to be there. Nor did he know that, obviously, one is always afraid of the unknown, of getting lost on the way; as when five years earlier Nury came to visit me in Madrid and, taking advantage of his presence, we decided to get to know the kingdom of Morocco. Marrakesh on the way to the Sahara. The next day after arriving in the city, after lunch at one of the restaurants surrounding the iconic Jemaa el Fna, we decided to enter the adjoining medina. In the souk, at the exit of one of the many

llegado a la ciudad, luego de almorzar en uno de los restaurantes que rodean la icónica Jemaa el Fna, decidimos entrar en la medina contigua. En el zoco, a la salida de una de las tantas tiendas visitadas, entre vendedores de especias, tejidos multicolores y artefactos diversos perdí el rastro de mi hermana. Lo cierto fue que, en medio del gentío, no la escuché decir "vamos" o "me quedo" y seguí andando. Metros después noté que ya no estaba más a mi lado; así que sólo atiné a buscarla hasta donde alcanzaba la vista. Sin ninguna forma de comunicarnos, en mi desespero no supe quién se perdió, ella o yo, y me pregunté ¿ahora qué hago? Recordé que a los niños se les recomienda gritar en esos casos, pero a mi edad eso sonó vergonzoso. Así que decidí regresar hasta el comienzo del camino para poder hallarme. Volví por mis pasos hasta el restaurante en donde comimos. Me senté en una mesa redonda que da a la calle y pedí un té de menta. Mientras llegaba mi pedido, recordé mi niñez, el día que me extravié dentro de la feria dominical en Vilcabamba y cuánto había llorado hasta que alguien, que no recuerdo, me llevó hasta el puesto policial, lugar en el cual estuve hasta que me recogieron mis padres. Media hora después de haber terminado el té, un vaso de agua más otro de jugo de naranjas llegó Nury con una bolsa llena de artesanías. "De repente no estabas más y regresé hasta la plaza, cuando te vi aquí sentada pensé: ¡ahh, fue el calor!, entonces volví a mis asuntos".

Dos días después, llegaríamos a Merzouga luego

stores visited, among vendors selling spices, multicolored fabrics and various artifacts, I lost track of my sister. The truth was that, in the middle of the crowd, I did not hear her say "let's go" or "I'm staying" and I kept walking. Meters later I noticed that she was no longer by my side; so I only managed to look for her as far as I could see. Without any way to communicate, in my desperation I didn't know who was lost, her or me, and I asked myself, what do I do now? I remembered that children are advised to shout in such cases, but at my age that sounded embarrassing. So I decided to go back to the beginning of the road so I could find myself. I retraced my steps back to the restaurant where we ate. I sat down at a round table facing the street and ordered a mint tea. As my order arrived, I remembered my childhood, the day I got lost inside the Sunday fair in Vilcabamba and how much I had cried until someone, I don't remember, took me to the police station, where I stayed until my parents picked me up. Half an hour after I had finished tea, a glass of water plus another of orange juice Nury arrived with a bag full of handicrafts. "Suddenly you were no longer there and I went back to the square, when I saw you sitting here I thought: ahh, it was the heat, so I went back to my business".

Two days later, we would arrive in Merzouga after almost ten exhausting hours of bus travel. I don't remember having seen such a clear starry sky as in those two nights we spent in the erg Chebbi. I kept staring at one of those little lights, trying to

de casi diez agotadoras horas de viaje en autobús. No recuerdo haber visto con tanta claridad un cielo tan estrellado como en aquellas dos noches que pasamos en el erg Chebbi. Fijaba la mirada en alguna de todas esas lucesitas, intentando calcular su tamaño y la distancia que había entre ella y yo. Llegué a la conclusión de que soy insignificante. En medio de tamaño espectáculo y revelación, al transportarme nuevamente a lo ocurrido en el zoco de Marraquech, en un intervalo a la sabiduría, recordé que los hombres que surcaban el mar solían mirar al cielo para hallar el camino. Despojados de la seguridad del día, lo más certero era aplicarse a obedecer lo que dictaba el cielo.

"Kyo es un tipo algo raro" pensé mientras disfrutábamos la comida en aquel restaurante el día del nacimiento de Ana. Al mencionar sobre los costos del parto y el internamiento de Nury, trajo a colasión los casos de soborno y malversación de recursos financieros; decía que el problema de la corrupción es el amor desmesurado por el dinero y el poder que hay en él; que la solución es quitarle su valor, usar un sistema de trueque a modo de cadena de favores, de esa manera nadie se va a afanar por querer cinco camionadas de papas para acumular. "Raro" por el hecho de recordarme, también, los peligros a los cuales estamos expuestos las personas que viajamos en un momento que creí inadecuado. Como dije, todavía sentía la fatiga por las casi 20 horas de viaje que supuso llegar hasta Japón y sentía cierta incomodidad e hipersensibilidad, por

calculate its size and the distance between me and it. I came to the conclusion that I am insignificant. In the midst of such a spectacle and revelation, as I was transported back to what happened in the souk of Marrakesh, in an interlude of wisdom, I remembered that the men who sailed the sea used to look to the sky to find their way. Stripped of the security of the day, the most certain thing was to apply themselves to obey what the sky dictated.

"Kyo is a strange guy," I thought to myself as we enjoyed our meal in that restaurant on the day of Ana's birth. When he mentioned the costs of childbirth and Nury's hospitalization, he brought up the cases of bribery and embezzlement of financial resources; he said that the problem of corruption is the excessive love for money and the power in it; that the solution is to take away its value, to use a barter system as a chain of favors, that way no one will get greedy for wanting five truckloads of potatoes to accumulate. "Weird" for the fact that it reminded me, too, of the dangers to which we are exposed as people traveling at a time I thought inappropriate. As I said, I was still feeling the fatigue from the almost 20 hours of travel involved in getting to Japan and I felt some discomfort and hypersensitivity, so his words I did not take them well; but if there was anything I would accept as mea culpa, a miscalculation, it would be forgetting Antoine Marie Jean-Baptiste Roger Conde de Saint-Exupéry in the glove compartment of the car. "He who wants to travel happily must travel

lo cual sus palabras no los tomé a bien; pero si hubo algo que aceptaría como mea culpa, un mal cálculo, sería olvidar a Antoine Marie Jean-Baptiste Roger Conde de Saint-Exupéry en la guantera del auto. "Aquel que quiere viajar feliz debe viajar ligero" dijo Saint-Exupéry y yo lo mandé al diablo metiendo un montón de cosas en la valija, por lo que tuve que pagar 60 euros demás en el aeropuerto de Barajas por el sobrepeso. Y esto no me dejó para nada feliz.

La vida es un camino de constante aprendizaje y viajo porque necesito aprender. No para simplemente pegar imanes en la puerta de mi refrigerador. Mientras vivamos sobre la faz de la tierra estaremos sujetos a la frustración; por eso viajamos, por eso buscamos lo novedoso, para olvidar un poco el desasosiego, el sinsabor, como un ejercicio de transición hacia el porvenir; porque si hay una constante en la vida es el cambio, como una condición inherente o un simbolismo de lo que es. Alguien dijo: "somos peregrinos". Ahora bien, necesito hacerle caso al principito si quiero viajar feliz en este tren bala en el cual no sabes dónde te bajarás o, volviendo al tema del fútbol, nadie sabe cuándo lo sacarán del partido.

Como alguna vez escuché decir a Kyo, menos es más. Sé que llenar de imanes la puerta de la refri parece una buena idea, siempre y cuando no caiga en la frivolidad de la apariencia. Para la mayoría de las personas que saboreamos este tipo de conocimiento, el sacrificio merece el destino más noble;

light" said Saint-Exupéry and I sent him to hell by stuffing a lot of stuff in the suitcase, for which I had to pay 60 euros extra at Barajas airport for being overweight. And this did not make me happy at all.

Life is a path of constant learning and I travel because I need to learn. Not to simply stick magnets on my refrigerator door. As long as we live on the face of the earth we will be subject to frustration; that is why we travel, that is why we seek the novelty, to forget a little the uneasiness, the displeasure, as an exercise of transition towards the future; because if there is a constant in life it is change, as an inherent condition or a symbolism of what is. Someone said: "we are pilgrims". Now, I need to listen to the little prince if I want to travel happily on this bullet train on which you don't know where you will get off or, returning to the subject of soccer, nobody knows when they will take it out of the game.

As I once heard Kyo say, less is more. I know that filling the refrigerator door with magnets seems like a good idea, as long as it doesn't fall into the frivolity of appearance. For most people who savor this kind of knowledge, sacrifice deserves the noblest fate; so I will continue to try to have the experiences that can make me a better neighbor.

por eso seguiré intentando tener las experiencias que puedan hacerme una prójimo mejor.

10.1 Tajine, icono de la cocina magrebí.
    Tajine, icon of the Maghreb cuisine.

10.2 Imazighen or Moroccan "Free Men" (Berber camp near the Algerian border).

Imazighen u "Hombres libres" marroquíes (Campamento beréber cerca a la frontera con Argelia).

Pedro

XI

Hace frío esta mañana y acabo de pedirle a mi esposa que cierre las ventanas y cortinas. No es que sea un machista empedernido, sino que es el problema en mi rodilla que se agrava en el otoño y dificulta el movimiento. Si baja más la temperatura tendremos que encender la estufa y sabrá Dios a cuánto subirá el próximo recibo de energía. Ayer por la noche hemos llegado de viaje y el cansancio nos ha impedido que desempaquemos del todo; por eso también le he pedido a mi mujer que, si le es posible, me ayude guardando la ropa que quedó en las maletas, además de poner los recuerdos, en su mayoría obsequios, en el librero de la sala; entre el tuk-tuk en miniatura y el mate burilado que le regaló una amiga peruana a la que conoció en La Paz.

El tiempo pasa muy rápido o es la percepción de un hombre que va camino a los sesenta pues parece que fue ayer que estuve acomodando, entre la ropa ya puesta dentro de las maletas, los regalos que habíamos comprado una semana antes de viajar; mientras mi tío me ayudaba con los quehaceres del jardín vecinal, y yo le decía a mi esposa que no se olvide de llamar a la compañía de taxis para que nos recojan a las tres de la mañana; que recalque que vamos hacia el aeropuerto Kennedy y no La Guardia, porque ya nos había pasado anteriormente que el conductor se equivoca de aeropuerto

XI

It's cold this morning and I just asked my wife to close the windows and curtains. It's not that I'm a hardcore macho guy, but it's the problem in my knee that gets worse in the fall and makes it difficult to move around. If the temperature drops any further we will have to turn on the stove and God knows how much the next energy bill will go up. Last night we arrived from our trip and tiredness has prevented us from unpacking completely; that is why I have also asked my wife to help me, if possible, by putting away the clothes left in the suitcases, besides putting the souvenirs, mostly gifts, on the bookcase in the living room; between the miniature tuk-tuk and the burled matte given to her by a Peruvian friend she met in La Paz.

Time goes by very fast, or is it the perception of a man going to his sixties, because it seems like only yesterday that I was arranging, among the clothes already in the suitcases, the gifts we had bought a week before we left for our trip; while my uncle helped me with the chores in the neighborhood garden, and I told my wife not to forget to call the cab company to pick us up at three in the morning; to emphasize that we are going to Kennedy airport and not La Guardia, because it had happened to us before that the driver got the wrong airport and in the end we arrived on time.

y al final llegamos sobre la hora.

Un aroma a chocolate llega hasta mis narices desde la cocina y no puedo impedir que mi mente vuelva a escuchar a mi hijo Pablo diciéndome al oído: "papá eres lo máximo, gracias por venir" mientras algunos miembros de la familia de mi nuera y de la mía se saludan, estrechan la mano, entablan conversación y la música, que hasta hace algunos segundos retumbaba entre las paredes del salón de baile, da una tregua para escuchar "que baile la novia", y alguien que no recuerdo me acerca una taza a la mano y dice: "ustedes lo descubrieron ¡Salud con cacao!". Cacao, chocolate, mole… México.

Ayer por la noche, mientras estábamos dentro de las frazadas y el cansancio me daba los últimos minutos de lucidez, recordaba que esa mismísima mañana, después de pasar el control migratorio del aeropuerto, tuve el privilegio de tomar un café junto a mi hijo y su ahora esposa Ana, que trasnochados por la fiesta de bodas, no paraban de bostezar. Sentados alrededor de una minúscula mesa de un cafetín, partícipes de un relato inconcluso, a la vista del vaivén de miles de sombras que en cierto momento me hicieron cuestionar si éstas dejarán un rastro, pues sus pasos serán cubiertos por el afán de muchas otras que van en busca de su propio destino. Allí, antes de abordar el avión a nuestros respectivos rumbos, nos acordábamos de las anécdotas vividas la noche anterior, imágenes

Traces

A chocolate aroma reaches my nostrils from the kitchen and I can't stop my mind from hearing my son Pablo saying in my ear: "Dad, you're the best, thanks for coming" while some members of my daughter-in-law's family and mine greet each other, shake hands, engage in conversation and the music, which until a few seconds ago was booming between the walls of the ballroom, gives a truce to hear "Let the bride dance", and someone I don't remember brings a cup to my hand and says: "You discovered it, Cheers with cocoa! ". Cocoa, chocolate, mole...Mexico.

Last night, while we were inside the blankets and tiredness was giving me the last minutes of lucidity, I remembered that that very morning, after passing the immigration control at the airport, I had the privilege of having a coffee with my son and his now wife Ana, who, awake from the wedding party, kept yawning. Sitting around a tiny table in a cafe, participating in an unfinished story, in view of the swaying of thousands of shadows that at a certain moment made me question if they will leave a trace, because their steps will be covered by the eagerness of many others who go in search of their own destiny. There, before boarding the plane to our respective destinations, we remembered the anecdotes lived the night before, images that will remain marked in our memory until I do not know when but that will accompany us wherever we are, regardless of schedules, as long as they are present. I told them to enjoy their honeymoon in Bali but

que quedarán marcadas en nuestra memoria hasta no sé cuándo pero que nos acompañarán en el lugar que estemos, sin importar horarios, mientras estén presentes. Les dije que disfruten de su luna de miel en Bali pero que también aprovechen al máximo el stopover en Bangkok; que se pierdan entre los puestos del mercado Chatuchak u otros mercados callejeros; que regateen todo lo que puedan para cuidar sus bolsillos; que se atrevan a probar los grillos o las medusas apanadas; que el pad thai que se come en la calle es buenísimo y ni qué decir de las frutas como el mangostán o el rambután, sin olvidar el agua de coco para el sofocante calor tailandés.

Medio año después de regresar de Bogotá y Lima surgió la oportunidad de ir al sudeste asiático como parte de un estudio de viabilidad que la empresa, en la cual aún sigo trabajando, planificó para la apertura de nuevas sucursales. Las áreas industriales de Bangkok, Manila y Yakarta fueron las elegidas para este proyecto. El viaje de exploración 1.0, fue así como lo llamaríamos luego, por esta parte del mundo empezó y terminó en Tailandia. Según el cronograma de actividades a Tailandia le correspondía seis fechas continuas de trabajo y una de descanso; a Manila y Yakarta igual número de jornadas laborales, con la diferencia en los días de descanso; uno en Filipinas, cinco en Indonesia. Es obvio que después de un viaje tan largo desde America a todo el grupo, es decir Carlos, James, Michael y yo (los gringos me llaman Peter), nos pa-

also to make the most of the stopover in Bangkok; to get lost among the stalls of the Chatuchak market or other street markets; to bargain as much as they can to take care of their pockets; to dare to try the crickets or the breaded jellyfish; that the pad thai eaten in the street is great and not to mention the fruits like mangosteen or rambutan, without forgetting the coconut water for the sweltering Thai heat.

It was half a year after returning from Bogota and Lima that the opportunity arose to go to Southeast Asia as part of a feasibility study that the company, in which I am still working, planned for the opening of new branches. The industrial areas of Bangkok, Manila and Jakarta were chosen for this project. The exploration trip 1.0, as we would later call it, in this part of the world began and ended in Thailand. According to the schedule of activities, Thailand had six continuous working days and one rest day; Manila and Jakarta had the same number of working days, with the difference in the rest days, one in the Philippines and five in Indonesia. It is obvious that after such a long trip from America the whole group, that is Carlos, James, Michael and myself (the gringos call me Peter), thought it was fantastic to take advantage of the trip to Jakarta to get to know Bali and its surroundings. A well deserved mini-vacation after so many numbers and visits to workshops, factories and warehouses. The bad thing about my job is that there are processes that are not so easy to simplify; just as I do not find

reció fantástico aprovechar el viaje a Yakarta para conocer Bali y cercanías. Unas mini vacaciones muy merecidas después de tantos números y visitas a talleres, fábricas y almacenes. Lo malo de mi trabajo es que hay procesos que no son tan fáciles de simplificar; como tampoco me resulta minimizar cada alma a un simple número.

Regresando a ese único y preciado día de descanso en Bangkok, los gringos quisieron levantarse temprano para ir a Ayutthaya, la antigua capital del reino Siam, a 80 kilómetros de distancia; mientras que Carlos y yo decidimos adentrarnos por las entrañas capitalinas.

La habitación doble en el tercer piso del hotel presentaba signos de deterioro. La pintura se descascaraba del techo, al igual que en los pasillos, y la mayólica del baño estaba sin brillo. Tenía grandes ventanas que daban hacía una calle poco transitada por las cuales entraba luz desde temprano. El edificio no era tan alto, a lo mucho cuatro o cinco pisos; sin embargo nos permitía observar el techo en aguja de un templo budista cercano. Así que, luego de la ducha matinal, bajamos hasta el comedor del hotel para tomar el desayuno. A modo de paréntesis puedo decir que no he probado otro té negro tan rico como en aquella oportunidad, y ni qué decir de las frutas puestas sobre la mesa. Influenciados por la vista desde nuestra habitación, Carlos y yo enrumbamos en un tuk-tuk hacia el Gran Palacio y el templo del Buda de esmeralda

it easy to minimize every soul to a simple number.

Returning to that one precious day of rest in Bangkok, the gringos wanted to get up early to go to Ayutthaya, the ancient capital of the Siam kingdom, 80 kilometers away; while Carlos and I decided to go deep into the bowels of the capital.

The double room on the third floor of the hotel showed signs of deterioration. The paint was peeling from the ceiling, as it was in the corridors, and the tile in the bathroom was dull. It had large windows overlooking a little-traveled street through which light came in early in the morning. The building was not that tall, at most four or five stories; however, it allowed us to see the spire roof of a nearby Buddhist temple. So, after the morning shower, we went down to the hotel dining room for breakfast. By way of parenthesis, I can say that I have never tasted another black tea as delicious as that one, not to mention the fruits on the table. Influenced by the view from our room, Carlos and I took a tuk-tuk to the Grand Palace and the Temple of the Emerald Buddha located in the same complex. Upon arrival, the contrast of colors of the Buddhist facades with the monochrome of the Western cathedrals is striking, as if they represented the character of the people of Thailand, country of smiles; where people smile even when they deceive you. Mandatory stop to observe the religious architecture. After a couple of hours in the place to observe on its walls scenes of Thai

que se encuentran en el mismo complejo. Nada más llegar al lugar, resulta llamativo el contraste de colores de las fachadas budistas con la monocromía de las catedrales de occidente, como si representaran el carácter de la gente de Tailandia, país de las sonrisas; en donde la gente sonríe hasta cuando te engaña. Parada obligatoria para observar la arquitectura religiosa. Luego de un par de horas en el lugar para observar en sus muros escenas de la mitología thai, alrededor del mediodía, enrumbamos hacia Chatuchak, a uno de los mercados a cielo abierto más grandes del mundo. Miles de vendedores y compradores de todo tipo de cosas; comida, ropa, muebles, animales y plantas. Toda una fiesta de olor y color.

Resulta que después del festín de Pad Thai y Tom Kha Kai el cuerpo pide expeler. Ni siquiera pudimos llegar al hotel. Ni Carlos ni yo sabíamos tailandés; así que las manos representando un remolino en las barrigas y la ansiedad en nuestros rostros bastaron para que el conductor del tuk-tuk estacionase en un mall, a mitad del camino. Entramos al sanitario y nos percatamos que no había papel. Las toallitas húmedas que portaba en el bolsillo me sacaron del apuro, pero Carlos sacrificó sus calcetines. Y el agua de la descarga salía por debajo de la puerta.

Siete días enteros para Bali y Lombok resultarán algo apretado para todo lo que hay para ver en la "isla de los dioses" considerando que para ir de una

mythology, around noon, we headed to Chatuchak, one of the largest open-air markets in the world. Thousands of sellers and buyers of all kinds of things; food, clothes, furniture, animals and plants. A feast of smell and color.

It turns out that after the feast of Pad Thai and Tom Kha Kai the body asks to expel. We couldn't even make it to the hotel. Neither Carlos nor I knew Thai; so the swirling hands on our bellies and the anxiety on our faces were enough for the tuktuk driver to park in a mall, halfway down the road. We entered the restroom and noticed there was no paper. The wet wipes I carried in my pocket got me out of trouble, but Carlos sacrificed his socks. And the flushing water was coming out from under the door.

Seven full days for Bali and Lombok will be a bit tight for all there is to see in the "island of the gods" considering that to go from one island to another can take up to a full day, depending on the means of transport used and the location of the accommodation. So I recommended to my son Pablo to make a list of priority places, such as Ubud, which is worth spending three days just to see the best of this Balinese district. To observe from the viewpoint the terraces of Tegalalang, to cross the forest of monkeys or its art market are unmissable. To these are added a lot of temples that are interesting for their architectural beauty and their colors in contrast with the somber cement that covers the

isla a otra puede tomar hasta un día entero, dependiendo del medio de transporte utilizado y la ubicación del hospedaje. Así que le recomendé a mi hijo Pablo hacer una lista con los lugares prioritarios, como Ubud que merece la pena gastar tres días sólo para ver lo mejor de este distrito balines. Observar desde el mirador las terrazas de Tegalalang, atravesar el bosque de monos o su mercado de arte son imperdibles. A ellos se le suman un montón de templos que resultan interesantes por su belleza arquitectónica y sus colores en contraste con el sombrío cemento que cubre la ciudad. Después de tanta caminata, no hay nada mejor que tomarse un jugo o comer fruta fresca en algún puesto callejero para luego desconectarse de todo tumbados sobre las arenas de las gilis Trawangan, Meno y Air, en la vecina Lombok, a las cuales se acceden desde el puerto de Padang Bai en Bali.

En cierto momento de nuestra charla les conté que cada vez que piso el Benito Juárez me salta el corazón de alegría porque fue allí donde recibí a Luna Clara y sus padres cuando llegaron desde Bolivia apenas culminada la universidad. Todavía me acuerdo cuando se acercó a mí jalando su maleta, sonriendo; llevaba puesto unos jeans azules, encima una casaca blanca que hacía juego con sus ojos negros y su lunar en medio de la nariz; yo la abracé fuerte y, al acercarme a su oído, le pregunté nuevamente si estaba segura de querer casarse conmigo, si no se arrepentiría cuando aparezcan los primeros problemas y una vocecita salida de no sé dónde le

city. After so much walk, there is nothing better than to take a juice or to eat fresh fruit in some street post to then disconnect of everything lying down on the sands of the gilis Trawangan, Meno and Air, in the neighboring Lombok, to which they are acceded from the port of Padang Bai in Bali.

At a certain point in our chat I told them that every time I step into the Benito Juarez my heart leaps with joy because it was there where I received Luna Clara and her parents when they arrived from Bolivia right after finishing college. I still re-member when she came up to me pulling her suit-case, smiling; she was wearing blue jeans, a white jacket that matched her black eyes and her mole in the middle of her nose; I hugged her tightly and, as I got close to her ear, I asked her again if she was sure she wanted to marry me, if she would not re-gret it when the first problems appeared and a little voice from I don't know where told her "I told you, I told you". She smiled.

Marriage has not been easy, nor will it be. Not a hell but an endless tug-of-war; like life and its con-stant simultaneous "winning and losing" that should forge our character, so necessary to respond with wisdom in specific moments, such as the episodes of anguish or depression that Clara experiences when she feels alone in a foreign country, far from her family. This is why I thought it pertinent to give Pablo a lot of advice before he made the decision to marry a partner of another nationality. Another

dijera "yo te dije, yo te dije". Ella sonrió.

El matrimonio no ha sido fácil, ni lo será. No un infierno pero sí un sinfín de tiras y aflojas; como la vida y su constante "ganar y perder" simultáneo que debería forjar nuestro carácter, tan necesario para responder con sabiduría en momentos específicos, como los episodios de angustia o depresión que experimenta Clara al sentirse sola en un país extranjero, lejos de su familia. Por esto creí pertinente aconsejar harto a Pablo antes de tomar la decisión de casarse con una pareja de otra nacionalidad. Otra cultura y costumbre. La misma circunstancia. Aún no saben si vivirán en México, donde labora Pablo, o tal vez en Japón, donde vive Ana con sus parientes. Quizás opten por irse a Perú, la tierra del padre de Ana, o Ecuador, de donde es su madre. Inclusive podrían venir a los Estados Unidos para estar con nosotros si no les va del todo bien en el lugar donde estén, en un intento de buscar una mejor calidad de vida. Esa decisión tendrán que tomarla ellos mismos. Uno de los muchos problemas que se presentarán en su vida conyugal. "Pero estén donde estén, nunca olviden el propósito de su existencia ni su vocación pues esto marca el rumbo y simplifica la vida. Hagan lo que hagan, siempre háganlo bien", le dije a mi hijo.

Hoy, mientras me desperezaba a las seis de la mañana y Clara a mi lado aún dormía, me acordaba de todo aquello y me decía a mí mismo que la vida puede ser muy dura pero, a modo de concesión,

culture and custom. The same circumstance. They still do not know if they will live in Mexico, where Pablo works, or maybe in Japan, where Ana lives with her relatives. Maybe they will choose to go to Peru, the land of Ana's father, or Ecuador, where her mother is from. They might even come to the United States to be with us if they are not doing well where they are, in an attempt to seek a better quality of life. That decision will have to be made by them. One of the many problems that will arise in their married life. "But wherever you are, never forget the purpose of your existence or your vocation because this sets the course and simplifies life. Whatever you do, always do it well," I told my son.

Today, while I was waking up at six in the morning and Clara was still sleeping next to me, I remembered all that and I told myself that life can be very hard but, as a concession, it gives us moments of joy before reminding us again that there is a better future.

nos da instantes de alegría antes de volvernos a recordar que existe un mejor porvenir.

11.1 ¿Perdido en el espacio? (Gili Travangan, Lombok, Indonesia).
Lost in space? (Gili Travangan, Lombok, Indonesia).

11.2 Why don't we just stick the sword in and do the good stuff? ("Ninja" in Gili Travangan, Lombok, Indonesia).
¿Porqué mejor no clavamos la espada y hacemos lo bueno? ("Ninja" en Gili Travangan, Lombok, Indonesia).

Gracias por su colaboración

Thank you very much!

72998576R00115